Curso básico de
computación

Darío Ángel González

MP Ediciones S.A., Moreno 2062, 1094 Buenos Aires, Argentina
Tel. 4954-1884, Fax 4954-1791

ISBN 987-526-001-0

Primera edición impresa en junio de 1999, en Sociedad Impresora Américana.
Lavardén 153/157, Capital Federal.

Este libro se lo dedico a las siguientes personas:

A mi mamá, por haber sacrificado un montón de cosas de su vida para que nosotros siempre estuviéramos bien, y por haberme mandado a computación cuando todavía nadie sabía qué era eso.

A mi hermana, por indicarme todo el tiempo el camino a seguir.

SOBRE EL AUTOR

Darío Ángel González es profesor de computación desde los diecisiete años. Durante el último tiempo dictó clases de Windows, Office e Internet en uno de los institutos más importantes del país.

Comenzó a estudiar a los diez, cuando las computadoras actuales ni existían; hoy en día intercala su carrera de Abogacía en la Universidad de Buenos Aires con la de *Microsoft Systems Engineer*, una certificación que otorga reconocimiento internacional sobre el diseño y la administración de grandes redes.

También es colaborador de los fascículos *Dominando PC*, que pertenecen a esta misma editorial.

SOBRE LA EDITORIAL

MP Ediciones es una editorial argentina especializada en computación.
Además de diversas colecciones de libros, edita las revistas PC Users, PC Juegos/PC Gamer, Insider y el curso Aprendiendo PC.
Para conocer más sobre nuestros nuestros productos puede
contactarnos de las siguientes maneras:
Web: www.mp.com.ar
E-mail: libros@mponline.com.ar
Correo: Moreno 2062 - 1094 Capital Federal
Fax: (11) 4954-1791
Teléfono: (11) 4954-1884 int. 131 (Servicio de atención al Lector)

COMO LEER ESTE LIBRO

El libro está estructurado en lecciones que deben leerse en forma progresiva y en lo posible sin saltear ninguna. Todas poseen un tiempo estimado de lectura y práctica, encontrándose al final de cada una de ellas un **resumen** con los temas más importantes que se hayan tocado, como también una serie de **ejercicios** para poner a prueba los conocimientos adquiridos. Al comienzo, se encontrarán con mucha teoría y probablemente piensen "Uhhh... esto es muy aburrido, a mí no me interesa". Pero no aprenderla bien es como querer subirse a un auto sin tener idea de cómo se pasan los cambios; no se llega muy lejos. A no asustarse, lo que sigue es pura práctica.

Aquellas personas que ya tienen un **conocimiento previo** y no quieren perder tiempo, pueden pasar directamente a la lección número **3**, aunque no estaría mal hacer un pequeño repaso.

• **Lección 1 - Primeros pasos**

Desde cero, los elementos principales que componen a una computadora. El significado y función del Sistema Operativo. Los medios de almacenamiento actuales, medidas de capacidad, el concepto de archivo y todo lo que se necesita para poder empezar.

• **Lección 2 - Intensificando la práctica**

Guardar y abrir en disquetes con los programas más conocidos. Descripción detallada de las ventanas y de lo que aparece en ellas.

• **Lección 3 - Administración de archivos**

Paso a paso todo lo necesario para manejar en forma eficiente la información generada. El Explorador de Windows a fondo. Los errores más comunes, la papelera de reciclaje, accesos directos y más, mucho más.

• **Lección 4 - Configuración de Windows**

Cómo cambiar a gusto la pantalla, mouse, teclado y sonidos. El trabajo en modo Web: diferencias y ventajas con el tradicional.

• **Lección 5 - Office ´97**

Concepto y explicación de la función que cumple cada uno de los programas que compone a este revolucionario paquete.

• **Lección 6 - Word ´97. Cómo escribir un texto simple**

Introducción básica al uso del teclado. Cómo cambiar el tamaño y el tipo de letra; corrección de ortografía e impresión de documentos.

• **Lección 7. Excel - Cómo hacer una planilla**

Creación de una planilla y desarrollo de un gráfico estadístico a partir de los datos ingresados. La manera de encarar una fórmula sencilla.

• **Lección 8 - Internet**

Información sobre la gran red de redes. Los principales servicios: correo electrónico y World Wide Web. Qué programas utilizar con cada uno de ellos.

• **Apéndice - ¿Cómo comprar una PC? Y Glosario**

Datos precisos para prevenirse de los terribles vendedores de las casas de computación. Ejemplo de una configuración estándar de una computadora a la medida de "sus necesidades". Un extenso listado de las palabras más utilizadas.

• **Información Útil**

Atajos con el teclado y 10 sitios web.

SUMARIO

INTRODUCCIÓN

¿A quién está destinado este libro?

A aquellas personas que no tienen ningún conocimiento sobre computación y quieren incursionar en este mundo. También puede ser muy útil para los que saben algo, pero tienen muchos baches que cubrir.

Lo ideal es contar con una computadora donde poder practicar; por eso en el libro se incluyó especialmente un capítulo para saber cómo y dónde comprarla. Últimamente han bajado mucho sus precios y existen grandes facilidades de pago.

De todos modos, si no pueden adquirir una, seguramente tendrán algún amigo, familiar o vecino a quien recurrir, ¿no?

El objetivo

Este libro apunta a que el lector pueda introducirse en este mundo de una manera sencilla, sin términos técnicos en la medida de lo posible, ni ejemplos rebuscados. Obtener un manejo **total** de Windows 98, y al mismo tiempo nociones sobre el uso de los programas más utilizados en el mercado. Los conocimientos que adquieran servirán tanto para ser aplicados en el ámbito **laboral**, como para el uso **personal**.

Mi consejo es que lean el libro por lo menos dos veces, y traten de aplicar en una máquina lo que van aprendiendo. Nada más.

Darío Ángel González
Daríomail@infovia.com.ar

Tiempo estimado de lectura y práctica:
1 hora y 45 minutos

Primeros pasos

En este capítulo aprenderemos algunos conceptos teóricos que, aunque algo aburridos, son fundamentales para desarrollar la práctica en forma eficiente.

LA COMPUTADORA

Está en todos lados: oficinas, bancos, comercios, hogares... Lo mejor que podemos hacer es conocerla y aprender cómo funcionan sus componentes. No es difícil; sólo hace falta dedicar un poco de tiempo.

Definición de PC

Lo primero que vamos a hacer es definir el nombre de la computadora con la que trabajaremos: *PC.*

Esta sigla, como muchas otras, proviene del inglés; significa *Personal Computer* (computadora personal).

Adquirió este nombre en contraste con las antiguas computadoras, que ocupaban como mínimo toda una habitación; además de ser enormes, eran muy poco prácticas, y sólo utilizadas por las grandes empresas. Con el tiempo fueron reduciendo su tamaño, hasta que IBM desarrolló la primera PC. Su gran capacidad de cálculo (para la época) y su tamaño reducido hicieron que la gente poco a poco fuera adquiriéndolas. Son las computadoras que hoy en día conocemos.

En este momento muchos se estarán preguntando si tienen que saber **inglés** para aprender computación. La respuesta es: **para nada**. Antes sí era recomendable, pero actualmente todo viene en castellano, y son muy pocos los términos que quedaron en ese idioma.

Sus componentes principales

Básicamente son éstos:

Guía visual - 1 -

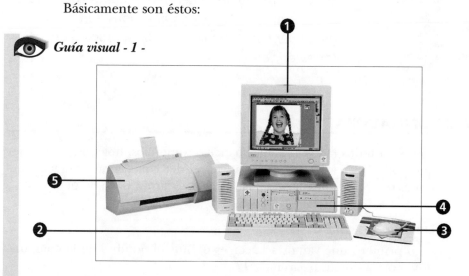

Guía visual 1: *Aunque su aspecto puede variar un poco, ésta es la computadora estándar.*

Veamos una explicación detallada de cada elemento:

❶ **Monitor:** es el *"televisor"* de la máquina. No procesa ninguna información, sólo muestra imágenes. Aunque lo apaguemos, la información seguirá estando ahí.

❷ **Teclado:** se asemeja mucho al de la máquina de escribir; es por aquí donde ingresamos la información.

❸ **Mouse:** será como nuestra mano en la pantalla. Como la computadora "todavía" no puede mirarnos a los ojos y adivinar lo que queremos hacer, tendremos que indicárselo de alguna manera, es decir, moviendo el mouse y presionando sus botones.

❹ **CPU:** es el *cerebro* de la computadora; procesa toda la información. Su tamaño no determina que la PC sea más o menos rápida. Saber el origen del nombre no está de más: *Central Processing Unit*.

❺ **Impresora:** alguna vez necesitaremos imprimir nuestros trabajos. Si bien no es indispensable, resulta muy útil.

Todo sobre el mouse

"Mouse" quiere decir "ratón" en inglés; se lo llamó así por al parecido que tiene con ese animalito.

Cada vez que lo arrastramos, en la pantalla se mueve una flechita; con esa flechita le indicamos a la computadora la mayoría de las cosas.

Si miramos la parte de abajo, encontraremos que tiene una bolita. Para que la flecha se mueva, esa bolita tiene que rodar sobre una superficie **plana**; por eso siempre tenemos que dejar el mouse apoyado, ya sea sobre una mesa, un *pad* (almohadilla cuadrada de goma) o donde sea, mientras no esté en el aire. Tampoco tenemos que hacer girar la bolita con el dedo.

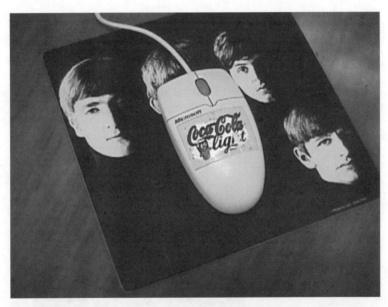

Figura 1. *La única función del pad es darle al mouse una superficie plana. No es necesario tener uno.*

A veces parecerá que se nos acaba el espacio para mover el mouse, y empezaremos a correr el teclado o cualquier otro elemento que limite el movimiento. Eso está **mal**. Simplemente hay que levantarlo (para que la bolita no gire y la flechita no se mueva) y volver a apoyarlo en otro sector. Una superficie de 20 cm x 20 cm es suficiente; si necesitamos más espacio es porque no estamos utilizando bien el mouse.

Los botones:

Por lo general, tiene tres: el izquierdo, el del medio y el derecho. El que más se utiliza es el izquierdo, aunque el derecho tiene su importancia. El único que nunca utilizaremos es el del medio, a menos que nos dediquemos a la arquitectura y usemos programas como el *Autocad*, donde sí es necesario.

¿Seguro que no se utiliza el botón del medio? Bueno...están apareciendo en el mercado algunos mouse nuevos con un botón **verde** en el centro, diseñados especialmente para un mejor manejo en **Internet**; lo que hace es evitar que el usuario deba ir hasta la barra de desplazamiento para moverse por un documento. Pero el botón del medio de los mouse tradicionales no puede cumplir esa función.

¿Cómo lo agarramos?

Lo ideal es poner toda la mano sobre él, con el dedo **índice** sobre el botón **izquierdo**, y el **mayor** sobre el **derecho**. Hay que **evitar** tomarlo de los costados con el pulgar y el índice (que es lo que hace todo el mundo al principio), porque al intentar tocar alguno de los botones podríamos mover la posición del mouse y seleccionaríamos una opción distinta a la que en realidad queremos.

Figura 2. *Aprender a agarrar bien el mouse nos permitirá ahorrar tiempo cuando estemos trabajando.*

¿Y los zurdos?. Nadie se olvidó de ellos. Más adelante, en el capítulo dedicado a la configuración, veremos cómo invertir los botones para que trabajen más cómodos.

Encendemos la compu

Para hacerlo siempre tenemos que utilizar la tecla *Power* que está en el gabinete de la CPU. Podemos prender primero la CPU y luego el monitor, o al revés; no hay un orden fijo. Hay que tener en cuenta que algunos monitores están conectados directamente con la CPU, por lo tanto recién se encenderán una vez prendida esta última.

¿QUÉ ES Y PARA QUÉ SIRVE WINDOWS?

Para explicar qué es Windows 98, primero tenemos que hacer una introducción al concepto de **sistema operativo**:

Es el programa que permite establecer una comunicación con la computadora.

La PC maneja un lenguaje que los usuarios comunes no comprendemos; a su vez, nosotros empleamos un lenguaje que ella no entiende. Por ejemplo, si quisiéramos hablar con un japonés y no supiéramos el idioma, necesitaríamos un intérprete para poder comunicarnos. Bueno, ésa es una de las funciones principales del **sistema operativo:** ser el **intérprete** entre la computadora y el usuario. Por eso, es el primer programa que se carga cuando la encendemos.

Un poco de historia...

El primer sistema operativo para las PC fue el ***D.O.S.*** Lo creó ***Bill Gates***, dueño de la empresa ***Microsoft*** (pronúnciese *"maicrosoft"*) y actualmente el hombre más rico del mundo.

Este sistema se manejaba solamente a través del teclado, con instrucciones en inglés que el usuario tenía que ingresar. Por lo tanto, a los que recién comenzaban se les hacía muy difícil comunicarse con la computadora, pues se encontraban con tres dificultades básicas: la memorización de todos los comandos, el idioma, y (para quienes no sabían mecanografía) la ubicación de las teclas.

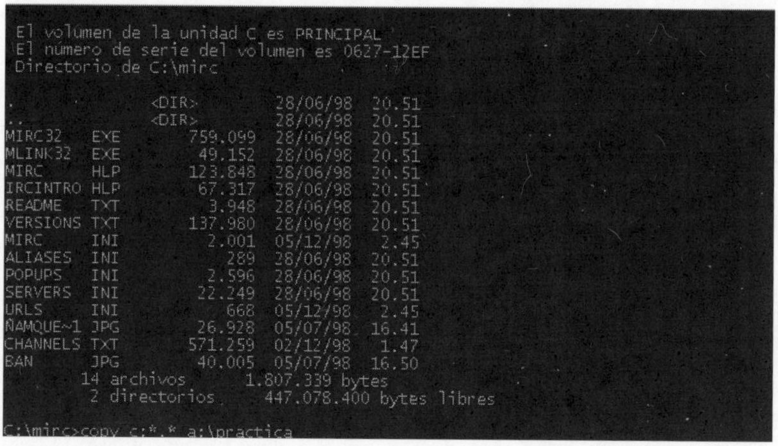

```
El volumen de la unidad C es PRINCIPAL
El número de serie del volumen es 0627-12EF
Directorio de C:\mirc

.              <DIR>        28/06/98  20.51
..             <DIR>        28/06/98  20.51
MIRC32   EXE    759.099     28/06/98  20.51
MLINK32  EXE     49.152     28/06/98  20.51
MIRC     HLP    123.848     28/06/98  20.51
IRCINTRO HLP     67.317     28/06/98  20.51
README   TXT      3.948     28/06/98  20.51
VERSIONS TXT    137.980     28/06/98  20.51
MIRC     INI      2.001     05/12/98   2.45
ALIASES  INI        289     28/06/98  20.51
POPUPS   INI      2.596     28/06/98  20.51
SERVERS  INI     22.249     28/06/98  20.51
URLS     INI        668     05/12/98   2.45
ÑAMQUE~1 JPG     26.928     05/07/98  16.41
CHANNELS TXT    571.259     02/12/98   1.47
BAN      JPG     40.005     05/07/98  16.50
        14 archivos      1.807.339 bytes
         2 directorios     447.078.400 bytes libres

C:\mirc>copy c:* * a:\practica
```

Figura 3. *La dificultad de uso del D.O.S. y su interfase "poco vistosa" hicieron que la gente fuera adoptando rápidamente Windows.*

El gran salto

Bill Gates se dio cuenta que de esa manera estaba limitando la computación a un grupo reducido de personas, y entonces decidió darle forma a la frase "una imagen vale más que mil palabras": creó **Windows**.

Además de ser el **intérprete**, otra de las funciones principales del *sistema operativo* es la de permitir que el usuario **administre** toda la información que genera (cartas, dibujos, planillas) con los distintos programas.

Administrar la información quiere decir, por ejemplo, hacerle una copia de seguridad, borrarla cuando ya no nos interese, organizarla, etc.

En *D.O.S.*, para hacer esas tareas había que conocer todos los comandos en inglés de memoria. *Windows*, en cambio, se maneja bajo un entorno gráfico en castellano, donde todo es mucho más intuitivo. A partir de allí se empieza a utilizar el mouse, y ya no hace falta escribir tanto.

Por ejemplo, si queremos borrar una carta, sólo tenemos que tomarla y arrastrarla sobre un tachito de basura en la pantalla. Antes, en cambio, había que ingresar todo el comando por el teclado, obviamente sin errores.

Todo esto hace que ya no sea tan difícil manejar la información ni acceder a los programas instalados en nuestra PC.

Primeros pasos **1**

Curiosidad

La fortuna personal de Bill Gates es de aproximadamente 68.000 millones de dólares. Gana 2,5 millones de dólares por hora. A pesar de ser tan rico, dedica muchísimas horas al trabajo y tiene un perfil bastante bajo.

En el mercado hubo varias **versiones** de Windows, hasta que una se hizo muy popular en el mundo entero: la versión **3.1**.

Hay que aclarar que *Windows 3.1* **no fue** un sistema operativo. La máquina primero era iniciada en D.O.S.; luego, si queríamos, podíamos entrar a Windows (siempre que estuviese instalado) para administrar los datos (los archivos) o acceder a un programa. Pero en realidad el intérprete seguía siendo D.O.S., aunque ni nos enterábamos.

Resumiendo, la función primordial de Windows 3.1 fue hacer mucho más **simple** la comunicación con la computadora.

Para saber qué sistema empezó a usar la gente (D.O.S. o Windows) como entorno habitual de trabajo, basta con hacerse el siguiente planteo: tenemos dos maneras de hacer las cosas, una fácil y una difícil. ¿Cuál elegimos?

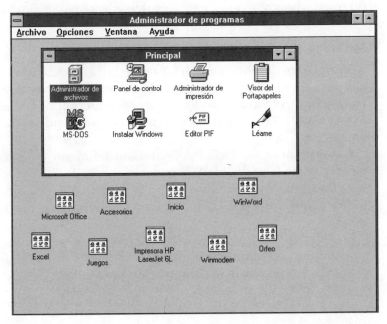

Figura 4. *Desde la pantalla de trabajo de Windows 3.1 se podía acceder a cualquier programa*

Los programas y el sistema operativo

La computadora que compramos viene sin **ninguna información cargada**; si el vendedor no lo hace, tendremos que instalarle nosotros un sistema operativo. Una vez hecho esto, podremos instalar cualquier clase de programa para trabajar (por ejemplo *Word*, para escribir textos), un juego, una planilla de cálculos, etc.

Cada vez que les indicamos algo a esos programas, éstos se lo comunican al sistema operativo, y éste a su vez a la computadora. Así, si la PC no tuviera sistema operativo, por más programas que tuviéramos instalados, no podríamos utilizarlos, porque la PC no entendería nada de lo que queremos hacer.

Cada sistema operativo trabaja con programas diseñados exclusivamente para trabajar en él. Así, el D.O.S. tenía su propio Word **para** D.O.S. (eso sí, había que olvidarse de poder usar gran variedad de tipos o tamaños de letra). Con Windows 3.1 aparecen los programas **para** Windows 3.1 (como el recién citado Word), que aprovechan todas las características gráficas que les brinda el entorno: manejo del mouse, distintos tipos y tamaños de letra, facilidades para manipular imágenes, etc.

Siempre que aparece una nueva versión de Windows, salen al mercado nuevos **programas** diseñados **especialmente** para esa versión.

No hace mucho tiempo...

A principios de 1996 (con un lanzamiento algo "atrasado") aparece en el mercado una nueva versión de Windows: **la 95**, con una diferencia técnica fundamental respecto a la versión anterior, ya que **es un *SISTEMA OPERATIVO***, es decir, es el **primer programa** que aparece cuando encendemos la PC.

A esto se suma una facilidad de uso mucho mayor y cientos de ventajas más, como la posibilidad de poner nombres de más de ocho caracteres a los archivos (ver más adelante), la papelera de reciclaje, etc., características que aprovechó la nueva tanda de programas basados en **Windows 95.**

Se empieza a vislumbrar el objetivo de Microsoft: hacer la computación cada vez más fácil; la computación **para todos**.

¿Qué pasa hoy?

En agosto de 1998 se lanza en Argentina **Windows 98**. No hay mucho para decir de esta versión, pues son muy pocas las diferencias comparadas con su antecesor. Visualmente es casi idéntico; está muy mejorado para el manejo de Internet, es un poco más rápido para trabajar, y no se "cuelga" tanto (cientos de personas agradecidas). Su uso apunta, sobre todo, a poder integrar el sistema con la gran red mundial: Internet.

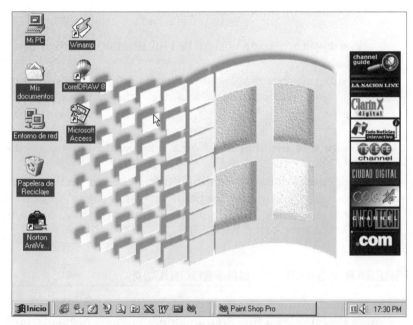

Figura 5. *La pantalla de Windows 98 es muy similar a la del 95, que ya de por sí era muy intuitiva en su manejo, por lo tanto no hubo dificultades en el momento de migrar de un sistema a otro.*

En los primeros capítulos aprenderemos a usar *a fondo* **Windows 98** para poder así trabajar con **cualquier programa** que funcione con ese sistema operativo. También veremos cómo **administrar** sin dificultad la información generada con ellos.

¿Por qué los programas cambian de versiones?

A medida que pasa el tiempo, y muchas veces por sugerencia de los propios usuarios, los desarrolladores de programas les van haciendo mejoras y retoques. Por ejemplo, si habían utilizado un fondo verde y recibieron muchas quejas de que ese color molestaba a la vista, lo cambian. O si se dieron cuenta de que una opción ubicada a la derecha queda mejor a la izquierda, también la cambian.

Cuando se acumula un conjunto de ideas nuevas y mejoras considerables, se lanza al mercado una nueva versión del programa (con todos esos cambios incluidos, obviamente).

¿Pierdo información si actualizo mi sistema operativo con una nueva versión?

De ninguna manera. Están especialmente diseñados para reconocer todo lo que estaba almacenado antes en la máquina. Así que a **no** preocuparse.

¿Tengo que estudiar todo otra vez cuando hay un cambio de versión?

No, generalmente los cambios que se hacen de una versión a otra no son muy radicales; el manejo básico sigue siendo el mismo. Encontraremos algunas diferencias, pero la base ya la tendremos.

INGRESAR Y SALIR DE UN PROGRAMA

Bueno...para no abrumar con la teoría veremos paso a paso la manera de ingresar a un programa que tenemos instalado en la computadora.

Nuestro ejemplo aquí será el **Paint**, pero será lo mismo para cualquier otro programa. El **Paint** es un programita que sirve para dibujar; es un accesorio de Windows. La forma de ingresar es sencilla, sólo hay que pensar que queremos dar **Inicio** a un **Programa** que es **Accesorio** de Windows cuyo nombre es **Paint**.

Tendremos que hacer lo siguiente: primero llevamos la flechita del mouse hacia abajo a la izquierda, donde dice **Inicio**; allí hacemos un **clic** (es decir, presionamos un botón del mouse). ¿Con qué botón cliqueamos? Con el **izquierdo**. Por ahora siempre lo haremos con este botón; cuando sea con el derecho, será aclarado oportunamente.

Se desplegará un menú similar al de la **Figura 6**. En este momento no vamos a **configurar** ni a **Ejecutar** nada; tampoco usaremos la **Ayuda**; simplemente ingresaremos a un programa. Entonces debemos llevar el mouse hasta donde dice justamente eso: **Programas**.

Aparecerá a la derecha una lista de todos los programas que tenemos instalados en la computadora.

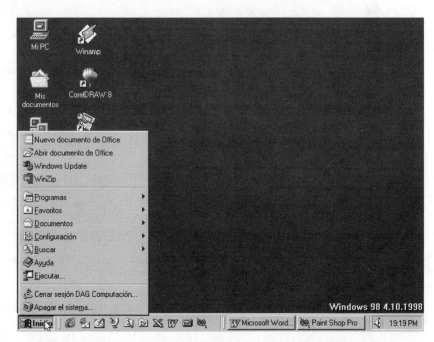

Figura 6. *Si nos detenemos en una opción, al lado se despliega un menú.*

Acá viene la parte más difícil: tenemos que tratar de **pasar hacia la derecha**. Para hacerlo llevamos el mouse a la palabra **Programas** (que quedó resaltada) y nos detenemos allí; si la flechita se va para arriba o para abajo y nos detenemos en otra opción, por ejemplo **Configuración**, aparecerá otro menú, que corresponderá al lugar donde nos hayamos parado.

Un consejo: en lugar de probar la precisión de nuestro pulso, lo mejor es pasar a la derecha con un movimiento rápido, sin dar tiempo a que desaparezca el menú de **Programas**.

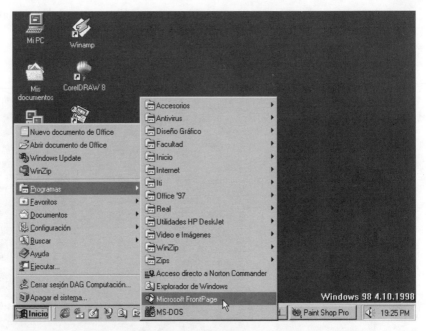

Figura 7. En el sector **Programas** puede haber más o menos íconos y carpetas; depende de lo que tengamos instalado.

Aparecen ahora dos cosas: por un lado, **íconos;** por otro, **carpetas**. Los íconos nos permiten ingresar a cualquier programa; simplemente cliqueamos en el que queremos. Por ejemplo, en la **Figura 7**, si hiciésemos un clic entraríamos a *Microsoft FrontPage*. Cada **ícono** tiene un dibujito diferente, que varía según el **programa** al que **representa**.

Las **carpetas** están representadas por un cuadradito amarillo; cumplen la función de **agrupar íconos**. Se usan para no tener una lista interminable de íconos mezclados.

En mi caso, por ejemplo, pongo los íconos de programas de diseño gráfico dentro de una carpeta, y los de los programas que utilizo para la facultad, en otra. Así, cada vez que quiero hacer algún diseño no tengo que buscar el programa mezclado con otros que no tienen nada que ver (ver **Figura 8**).

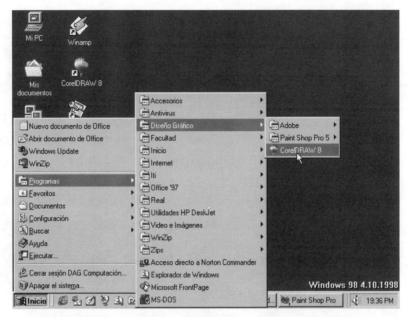

Figura 8. *Adobe y Paint Shop Pro 5 son carpetas. En cambio, CorelDraw 8 es un ícono.*

Una carpeta puede agrupar íconos y más carpetas (que a su vez pueden contener más carpetas aún). Si vamos metiéndonos dentro de ellas, en algún momento llegaremos a los íconos y finalmente podremos ingresar al programa que deseamos. Más adelante veremos cómo crearlas, cambiarlas de lugar, borrarlas, etc.

Pero nuestro objetivo era ingresar al programa **Paint**. Habíamos dicho que es un **Accesorio** de Windows, por lo tanto lo encontraremos en esa misma carpeta. Una vez allí, pasamos hacia la derecha y cliqueamos en ese ícono (ver **Figura 9**).

Tengamos en cuenta que no hace falta cliquear cada vez que llegamos a **Programas**, ni cuando queremos ver el contenido de una carpeta; simplemente nos detenemos allí con la flechita del mouse. El clic sólo debe hacerse sobre los íconos.

Bien: ahora que hemos ingresado, veamos un poquito cómo se usa.

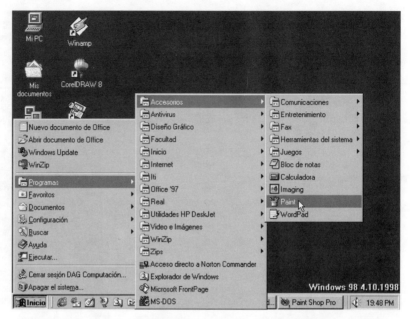

Figura 9. *El Paint será nuestro caballito de batalla para practicar el uso del mouse.*

Manejo sencillo del Paint

El área blanca representa una hoja sobre la cual podemos dibujar. ¿Cómo lo hacemos? Cuando pasamos por encima de esa hoja, el mouse se transforma en un lápiz. Para trazar una línea, mantenemos presionado el botón izquierdo del mouse y lo movemos. Apretar el botón es como apoyar el lápiz en la hoja.

Si queremos cambiar el color, cliqueamos en alguno de los que están en la paleta ubicada en la parte inferior. Después de dibujar un ratito, la maestra que tuvimos en jardín se sentiría orgullosa de nosotros.

Se pueden elegir otras herramientas para dibujar: el pincel, el aerosol, y hasta un rectángulo; están en la parte **izquierda** de la pantalla. Las únicas que **no nos sirven** en este ejemplo son las **dos primeras** (la estrella y el rectángulo de línea punteada); se utilizan para seleccionar partes del dibujo, cosa que por ahora no tendremos que hacer.

Los dejo a ustedes para que vayan probándolas una por una.

Figura 10. *Mi pulso no es precisamente la envidia del barrio...*

Si queremos empezar un dibujo nuevo

Lo más probable es que enseguida llenemos de garabatos la hoja y necesitemos empezar de **nuevo** con una totalmente en blanco. Lo haremos así: si nos fijamos en la parte de arriba, veremos una barra de menú con distintas palabras (**Archivo — Edición — Ver — Imagen**, etc.). Cliqueamos la palabra **Archivo**; allí mismo se desplegará un menú que presenta muchas opciones (**Nuevo — Abrir — Guardar — Imprimir**, etc.).

A ver...¿queríamos empezar un trabajo **Nuevo**? Bien, es fácil darse cuenta en qué opción vamos a cliquear.

Cuando lo hayamos hecho, aparecerá un cartel como el de la **Figura 11** preguntándonos si queremos guardar los cambios que realizamos en el dibujo.

Por ahora, y nada más que por ahora, responderemos que **NO**. El programa nos interroga por una sencilla razón: si queremos **volver a ver los trabajos más adelante** por cualquier motivo (continuarlos, imprimirlos, borrar algo, etc.) debemos **grabarlos** (guardarlos).

Es igual que cuando miramos televisión: lo que vimos ya pasó; si deseamos volver a ver algo, tendríamos que haberlo **grabado** previamente con la videocasetera. Lo mismo sucede aquí. Si queremos ver algo nuevamente, lo tendremos que **Guardar**.

Figura 11. *Esta pregunta nos salvará más de una vez: evita que perdamos información por habernos olvidado de guardar.*

Cuando comenzamos un trabajo nuevo, el anterior se pierde si no lo guardamos; es por eso que aparece la pregunta. El programa sugiere hacer esto cada vez que estemos a punto de llevar a cabo una acción que nos haga perder lo que hicimos. Pero el tema de **Guardar** lo veremos más adelante; por ahora, en nuestro caso responderemos que no.

Si respondimos que sí sin querer, salimos de la ventana que apareció **(Figura 12)** con la opción **Cancelar**, que siempre **anula** cualquier operación que hayamos iniciado sin querer (es un gran salvador de macanas).

Figura 12. *También podemos salir de aquí presionando la X que está arriba a la derecha; es lo mismo que* **Cancelar**

Cómo salir

En algún momento vamos a necesitar **irnos del programa**, ya sea porque nos cansamos o porque tenemos que hacer otra cosa.

Tenemos dos formas de **Salir**: la primera es ir al menú **Archivo** y elegir esa opción, que está debajo de todo. Nos preguntará sobre los cambios; ya sabemos qué responder (No).

La segunda posibilidad es cliquear la **X** (cerrar) que está en el extremo superior derecho de la ventana; esta forma es mucho más rápida que la anterior. Veámosla mejor en la **Figura 13**.

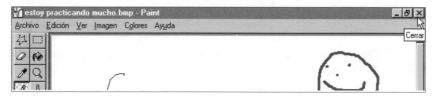

Figura 13. *Podemos irnos de todos los programas para Windows presionando en el botón Cerrar.*

Parecerá tonto tener dos formas de hacer las cosas para obtener un mismo resultado. Lo primero que les voy a comentar es que en Windows siempre encontrarán (por lo menos) dos maneras de hacer lo mismo (a veces son cuatro o cinco). La idea es que cada uno elija la que más le guste.

También verán que una de ellas es más rápida, aunque sólo ahorra el paso de entrar al menú **Archivo**. He descubierto que cuando se trabaja con computadoras se cumple sí o sí una ley, la del *"Mínimo esfuerzo"*: todo lo que ahorra pasos, aunque sea uno solo, se hace. Entenderán mejor esto cuando veamos las **Barras de Herramientas**.

CÓMO APAGAR LA COMPUTADORA

No es recomendable hacerlo directamente; lo mejor es seguir toda una serie de pasos. No es que la máquina se vaya a dañar, pero puede darse el caso de que se pierda algo de información.

Para **Apagar**, lo primero que hay que hacer es **Salir** de todos los **Programas** que tengamos abiertos. Luego, ir al menú **Inicio** y allí seleccionar la opción **Apagar el sistema**, como se ve en la **Figura 14**.

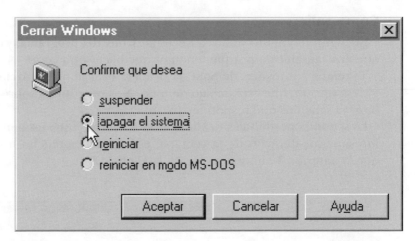

Figura 14. *Siempre estará marcada la opción que elegimos por última vez.*

Aquí nos encontraremos con una ventana que nos permite elegir entre varias posibilidades. Cliqueamos en la que deseemos y luego en **Aceptar**.

Para apagar la máquina, la opción será la que aparece en la **Figura 14**. Pero puede ser que necesitemos hacer otra cosa, por ejemplo **reiniciar** el equipo por cualquier motivo (es decir, que se apague y vuelva a entrar a Windows solito).

También tenemos la opción **suspender**, que es buena para el bolsillo: evita el gasto de energía cuando dejamos de trabajar por un rato. ¿Cómo funciona? Cuando el equipo se suspende, el monitor y parte de la CPU se apagan; permanecerá asi, en *stand by*, hasta que **movamos** el mouse o **presionemos** alguna tecla, momento en el que todo se **prenderá nuevamente**. Esta opción sólo está disponible en los equipos que la soportan.

Pero atención: cuando el equipo está suspendido, igualmente **una parte sigue prendida** (la ventilación, por ejemplo). Eso significa que, si bien ahorra un poco de energía, no es lo mismo que apagarlo del todo.

Muchos estarán pensando: "y...¡para eso lo apago!". Ahí justamente está la diferencia. Cuando suspendemos, no hace falta cerrar ningún programa; al utilizar otra vez la computadora, al instante aparecerá todo tal cual lo dejamos. Es útil cuando estamos trabajando con un montón de cosas al mismo tiempo y tenemos que salir por un rato: no queremos gastar mucha energía teniendo la máquina totalmente prendida, pero tampoco perder tiempo haciendo que se inicie desde cero, ni volver a abrir todos los programas.

La opción **reiniciar en modo MS-DOS** es para los nostálgicos. Si lo hacemos, el equipo se iniciará nuevamente, pero en lugar de Windows veremos una simulación de la vieja pantalla del D.O.S., con la que pueden deleitarse aquellos que extrañen sus complicados comandos. Cuando volvamos a prender la máquina, aparecerá Windows normalmente.

Si nos equivocamos y apagamos **directamente** la PC sin haber hecho ningún tipo de procedimiento, cuando volvamos a encenderla aparecerá una pantalla azul (Scandisk). Para mayor información, ver el apartado *"Problemas y Soluciones"*

¿Por qué de vez en cuando aparece una imagen en movimiento?

Es el protector de pantalla; desaparece cuando movemos el mouse o tocamos una tecla. En el capítulo *Configuración de Windows* lo veremos en detalle.

¿DÓNDE SE ALMACENA LA INFORMACIÓN?

Dijimos que para volver a ver un trabajo había que guardarlo (almacenarlo). La cuestión aquí es saber en **dónde** lo haremos.

En el caso de las películas, usamos los casetes para la video; pasa algo parecido con el equipo de audio. También sabemos que existen casetes con más o menos capacidad (noventa minutos, sesenta, etc.).

El medio de almacenamiento más **conocido** de las computadoras es el **disquete**, pero no es el único que existe. Aquí veremos los más comunes, y también las ventajas y desventajas de cada uno.

El disquete

Hay dos clases de disquetes: los de $3 \frac{1}{2}$ y los de $5 \frac{1}{4}$ pulgadas (**Figura 15**); los últimos ya casi no se utilizan. Las computadoras nuevas vienen con disqueteras (en algún lugar hay que ponerlos) para discos de $3 \frac{1}{2}$ solamente.

Figura 15. *En computación, mayor tamaño no es sinónimo de más capacidad.*

Los chiquitos (no se acostumbren a llamarlos así), es decir, los de $3\,^1/_2$ pulgadas, tienen un poco más de capacidad que los otros. Además, cuentan con una cubierta de metal que se corre cuando se introducen en la disquetera, lo que impide que accidentalmente toquemos la cinta y por lo tanto dañemos la información que contienen.

Comparados con otros medios de almacenamiento, los disquetes son los más **lentos** y los que **menos capacidad** tienen para almacenar datos.

Algunos se preguntarán por qué se siguen usando. La respuesta es simple: son muy **fáciles de trasladar** de una computadora a otra.

Veamos un ejemplo:

Hicimos un dibujo espectacular en nuestra computadora y lo queremos imprimir. Pero hay un pequeño detalle: no tenemos impresora. Afortunadamente, en la computadora del trabajo hay una. ¿Cómo lo llevamos? Simple: en un disquete.

En la **Figura 16** vemos cómo se debe colocar en la disquetera. La tapita de metal (donde lee el cabezal) siempre debe ir hacia delante, y el circulito (donde lo engancha para hacerlo girar), hacia abajo.

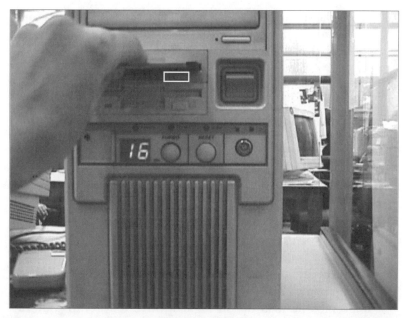

Figura 16. Para sacarlo simplemente tenemos que presionar el botón seleccionado.

Los **cuidados** que debemos tener con los disquetes son muchos. Si en una película el protagonista se guarda el disquete en el bolsillo, luego corre entre las llamas, salta, se tira al agua, se pelea con diez tipos, escapa y lo entrega diciendo *"aquí está la información"* no podremos creer nada de lo que vimos: ese disco seguramente está dañado.

No debemos **tocar** la cinta, ni tampoco escribir con mucha presión en las etiquetas ya puestas, porque así lo rayaríamos. Tampoco hay que **aplastarlo**, algo muy común en la gente que lo lleva dentro de una carpeta o en una cartera; y, sobre todo, no acercarlo a **imanes**, cosa que también deberíamos evitar con los casetes de audio y video.

No todo el mundo sabe que los **parlantes** tienen potentes imanes en su interior; por lo tanto, no habrá que acercarles disquetes. Teóricamente, los que vienen con las PC están blindados, aunque a decir verdad, yo no confío en ellos (y menos si son baratos).

El disco rígido

¿Ya se preguntaron dónde está almacenado Windows, o la mayoría de los programas con los que trabajamos? En el **disco rígido**, que es una cajita de metal que está dentro de la CPU.

El disco rígido tiene muchísima capacidad de almacenamiento. La de algunos equivale a 500 disquetes; existen otros que cuentan con una capacidad equivalente a 18.000 disquetes. Las medidas son variadas: hay discos más chicos y más grandes, pero no en centímetros, sino en capacidad.

Además de poder almacenar enormes cantidades de información, los discos rígidos trabajan a una gran velocidad, que se nota, por ejemplo, al guardar un dibujo: en el disquete tardará por lo menos treinta segundos; en cambio, en el disco rígido será instantáneo.

Por lo general recibe diversos nombres: disco duro, *Hard Disk*, disco fijo. Todos son válidos, aunque el más usado en castellano es el de **disco rígido**.

"Bueno, si es tan "fabuloso", ¿por qué todavía se siguen usando los disquetes?"
El problema surge cuando necesitamos trasladar información. El disco rígido está en el interior de la CPU conectado a diversos cables, y si queremos llevarlo de un lugar a otro, tendremos que desarmar toda nuestra máquina, abrir la otra PC en donde lo queremos instalar, conectarlo, configurarlo, etc. Lo más fácil será copiar esos datos a un disquete y así poder llevarlos fácilmente de un lugar a otro.

Hay programas (actualmente la mayoría) que no entran en un solo disquete, por lo tanto para poder usarlos hay que copiarlos obligatoriamente al disco rígido. Por ejemplo, si quisiéramos almacenar todo el Windows 98 en disquetes, necesitaríamos aproximadamente ciento veinte.

El CD-ROM

Es el famoso Compact Disc, como los de audio. Su **capacidad** equivale a unos 650 disquetes; mucho, ¿no?. Su velocidad de trabajo es casi similar a la de un disco rígido.
Hasta acá, todo bien; pero tiene una desventaja, que es la misma que la de los de audio: **no se puede grabar**.
Si compramos un compact de nuestro grupo favorito, y tiene una canción que no nos gusta, no la podremos borrar, ni tampoco agregar un tema desde otro CD. Lo mismo sucede aquí: podemos tener una enciclopedia, un juego, o lo que sea, pero no podremos agregarle ni borrarle nada.
A pesar de eso, el CD-ROM es uno de los mejores medios de almacenamiento, pues contiene gran cantidad de información que no podría

caber en disquetes, y es muy fácil de transportar.

La sigla ROM viene del término en inglés *Read Only Memory* (memoria sólo de lectura). Esto significa que la información solamente puede ser leída, y no se puede modificar.

El CD-R (*recordable*)

En realidad, el CD tiene que poder grabarse en algún momento, que es cuando se le coloca toda la información. Pero para esto hay que tener una **grabadora de CDs**; lo que generalmente tenemos en nuestras casas son lectoras, como la de la **Figura 17** .

Cuando recién aparecieron las grabadoras domésticas, su costo era de cuatro mil a diez mil pesos, una cifra tan elevada que aterraba a cualquier usuario común. Pero el paso del tiempo siempre hace bajar los precios, y este caso no fue la excepción. Actualmente se puede conseguir una grabadora a unos cuatrocientos cincuenta pesos, en promedio; una ganga, si lo comparamos con el precio que tenían en un principio. Esto hizo posible que actualmente muchas personas tengan una en casa.

Figura 17. *Una grabadora no se diferencia mucho en cuanto a su aspecto de una **lectora** como ésta; simplemente tiene algunas lucecitas más.*

Para poder ingresar información en un CD mediante una grabadora, primero hay que comprar un CD **virgen** en cualquier disquería. Resultan fáciles de identificar porque son dorados.

Es importante saber que sólo vamos a poder grabar ese CD **una sola vez**: cuando ya está grabado, no hay forma de agregarle, modificarle ni borrarle nada. Pero si antes de grabarlo pensamos bien qué información le vamos a ingresar, es realmente útil.

El CD-RW (*rewriteable*)

Los **CD-R** son prácticos por su bajo costo (podemos conseguir uno virgen por dos pesos, aproximadamente), pero tienen la desventaja de que se pueden grabar una sola vez. Esa desventaja es superada por los **CD-RW**.

Los CD-RW son **regrabables** hasta mil veces, lo que los hace super-prácticos; podemos agregarles y borrarles información a nuestro antojo. El único problema es que son un poco más caros, y por eso no tan comunes.

Es muy probable que lleguen a superar el disquete como medio de almacenamiento "portátil" más popular. Habrá que esperar a ver qué pasa, porque es una tecnología bastante nueva.

Para poder grabar CD-RWs hay que tener la **grabadora correspondiente**, ya que no podemos hacerlo con una de CD-R.

Una cuestión de ética

Hacer **copias** de CDs de música o de programas es totalmente **ILEGAL**. Las grabadoras no fueron diseñadas con ese objetivo, sino para que el usuario pueda hacer copias de los datos generados exclusivamente por él, aunque en realidad ése no es el uso que le da la mayoría.

El D.V.D.

Cuando otros medios aún no han terminado de consolidarse, aparece uno nuevo y revolucionario: el DVD, futuro reemplazante del CD. Físicamente son muy similares, pero el DVD tiene una diferencia fundamental: **su capacidad**. Equivale aproximadamente a veinticinco CDs comunes, lo que permite que se puedan almacenar cantidades enormes de información en un solo disco.

Existe el DVD para videos, para el equipo de audio y para la computadora. Pueden almacenar sonido envolvente, imágenes de alta definición y un montón de "chiches" más, posibilidad dada únicamente por su gran capacidad, y no por una tecnología misteriosa.

Y más....mucho más

Los medios mencionados no son los únicos que existen, sino los más populares. Existen otros, como los *ZIP*, parecidos a los disquetes pero con una capacidad casi ochenta veces mayor. Son muy usados por los diseñadores gráficos. También están los *JAZ* y los *Tape Back-up*, pero, a decir verdad, su uso no está muy extendido.

¿CÓMO SE DENOMINAN LOS MEDIOS DE ALMACENAMIENTO QUE TENEMOS INSTALADOS?

Normalmente cada uno se denomina **UNIDAD**. Estas unidades de almacenamiento siempre se identifican con **una letra**.

Así por ejemplo, la del disco rígido es la C: (se ponen dos puntos después de la letra), por eso es muy común que al referirnos a cierto tipo de información grabada allí digamos simplemente *"Lo tengo en C"*, en lugar de decir que lo tenemos en el rígido.

Para entender qué letra se le asigna a cada unidad, veamos la **Tabla 1.**

TABLA 1. LETRA CORRESPONDIENTE A CADA UNIDAD	
Unidad A:	Disquetera de 3 ½
Unidad B:	Disquetera de 5 ¼
Unidad C:	Disco rígido
Unidad D:	Segundo disco rígido
Unidad E:	CD-ROM

Todas estas configuraciones pueden variar. La cuestión es así:

La primera **disquetera** siempre es la unidad **A**. Si tenemos otra más, será la unidad **B**. El disco rígido **siempre** será la unidad **C**, aunque no tengamos una segunda disquetera (B). Lo más común es que nos encontremos una máquina que tenga solamente A y C.

El hecho de que la unidad A sea la de 3 ½, y la B la de 5 ¼, dependerá de cómo estén **conectados** internamente los **cables**. Puede llegar a ser **al revés**.

Si hay **otro disco rígido** más instalado, será la unidad **D**, y así sucesivamente. No lo había mencionado antes, pero se puede conectar más de un disco a una PC (por ejemplo, cuatro). Eso depende del espacio físico que haya en el gabinete de la CPU.

Primeros pasos 1

El **CD-ROM** siempre llevará asignada **la última letra** de todas. Si tenemos 4 discos rígidos y el último es F, el CD recibirá entonces la letra posterior, o sea la G.

En este libro, por cuestiones de practicidad, siempre supondremos que la unidad A: es la disquetera de 3 $^1/_2$, y no la de 5 $^1/_4$.

¿CÓMO SE GUARDA LA INFORMACIÓN? LOS ARCHIVOS

Todo lo que vayamos almacenando se hará en forma de **Archivos.** Éstos están compuestos por un **nombre** y por una **extensión**.

Si hacemos una carta o un dibujo, por ejemplo, y lo queremos guardar, tendremos que asignarle un **nombre**, para así poder identificarlo después.

El nombre puede ser cualquiera: *"Dibujito de mi casa"*, *"Carta para mi jefe"*, *etc.* La idea es que cuando busquemos algo para borrarlo, modificarlo, o lo que deseemos hacer, no lo busquemos mirando su contenido, sino que podamos ubicarlo gracias al nombre que le dimos.

Lo mismo pasa cuando vamos a una biblioteca a buscar un libro, por ejemplo "Cien años de soledad". No vamos a leernos **tooooodos** los libros de la biblioteca hasta encontrar ése: simplemente lo buscamos por su título; una vez ubicado, lo tomamos y lo **abrimos** para leerlo. **Lo mismo** haremos con los archivos.

Cuando trabajemos con los archivos veremos un **listado** con los **nombres** de todos, como en la **Figura 18**, donde podremos seleccionar alguno para utilizarlo como queramos (borrarlo, copiarlo, cambiarle el nombre, etc.).

Nombre	Tam...	Tipo	Modificado
consultoras de personal temporario.mdb	80 KB	Base de datos de Microsoft Access	10/01/1999 19:19 PM
correro de frontpage.htm	3 KB	Documento Internet (HTML)	09/12/1998 13:23 PM
DARÍO 3.doc	32 KB	Documento de Microsoft Word	29/01/1999 18:27 PM
dirección hotel.doc	27 KB	Documento de Microsoft Word	18/01/1999 21:55 PM
estoy practicando mucho.bmp	559 KB	Imagen de mapa de bits	30/01/1999 20:46 PM
lista de películas.xls	15 KB	Hoja de Microsoft Excel	13/10/1998 00:10 AM
lista de teléfonos.doc	19 KB	Documento de Microsoft Word	26/09/1998 13:34 PM
MODELOS DE COMPUTADORAS.doc	28 KB	Documento de Microsoft Word	28/10/1998 16:42 PM
Video Club.mdb	458 KB	Base de datos de Microsoft Access	28/12/1998 23:27 PM
Qué me falta hacer....doc	31 KB	Documento de Microsoft Word	27/01/1999 23:22 PM
Pautas generales.doc	41 KB	Documento de Microsoft Word	09/01/1999 22:52 PM

Figura 18. *Además del nombre hay muchos datos más, como el tamaño y la fecha de su última modificación.*

Un nombre puede tener como máximo 255 caracteres (letras), aunque generalmente no se usan más de 20. Antes, en D.O.S., sólo se podían ingresar como máximo 8 letras sin espacios en blanco ¡Era terrible! Si uno quería guardar un archivo con el nombre de *"Informe sobre la economía argentina en 1999"* no se podía; había que ingeniárselas para abreviarlo de cualquier manera. Este problema se solucionó recién con Windows 95.

La **extensión** está compuesta por **tres letras**, y se separa del nombre con un punto. **Cada programa** coloca **automáticamente** una extensión a los archivos que **crea**. La **función** de la extensión es **identificar** el programa con el cual fue hecho ese archivo; al conocer la extensión tendremos una idea bastante aproximada de su **contenido**.

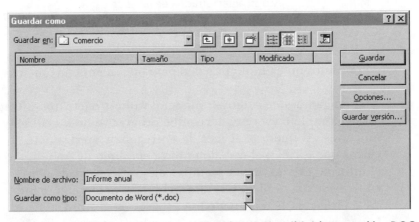

Figura 19. *El informe que vamos a guardar aquí recibirá la extensión .DOC, que está indicada debajo de todo.*

Es simple. Cuando la **extensión** es asignada por un **editor de textos**, seguramente ese archivo (si por el nombre no nos damos cuenta de qué se trata) será una carta, un informe, un fax, etc.; la cuestión es que **será un texto**.

En cambio, si la extensión es la de un programa para hacer dibujos...¿qué podrá contener ese archivo?

Por ejemplo, el **Word** (editor de textos) asigna a los archivos que genera la extensión **.DOC**. Lo hace automáticamente cuando guardamos el trabajo (y le ponemos un nombre); a partir de entonces ya queda como un **archivo**.

La única manera de aprender todas las extensiones que existen es a medida que vayamos trabajando. Igualmente, en la **Tabla 2** hay una lista con las más comunes.

Tabla 2. Distintos tipos de extensiones

EXTENSIÓN	PROGRAMA QUE LA ASIGNA
.DOC	Word: editor de textos
.BMP	Paint: para hacer dibujos comunes
.XLS	Excel: planillas y gráficos estadísticos a partir de los datos ingresados en ellas.
.PPT	PowerPoint: presentaciones animadas
.MDB	Access: administración de bases de datos
.CDR	CorelDraw: diseño gráfico

Pongamos un ejemplo práctico para que se entienda mejor el tema:

Supongamos que somos arquitectos y nuestro jefe nos encarga un informe completo sobre el derrumbe progresivo de los edificios de Buenos Aires. Al finalizar el mes, le entregamos un disquete con **tres archivos** que forman el trabajo entero: el **dibujo** de un edificio modelo, el informe **escrito**, y una **planilla con gráficos estadísticos** de cuántos edificios se derrumban por año y cómo se va incrementando esa cifra.

Para hacerlos, hemos usado tres programas: el Word, el Excel y el Paint. Los archivos que obtenemos como resultado son los de la **Figura 20**.

Nombre	Tamaño	Tipo	Modificado
Edificios.bmp	559 KB	Ima...	02/02/1999 12:05 PM
Edificios.doc	101 KB	Doc...	02/02/1999 12:02 PM
Edificios.xls	42 KB	Hoja...	02/02/1999 12:03 PM

Figura 20. También los podemos identificar por el iconito que tienen sobre la izquierda.

Nuestro jefe (malhumorado como siempre) nos dice que el dibujo que hicimos es una porquería y que lo borremos ya mismo. ¿Cuál de esos tres archivos borraríamos con toda seguridad sin necesidad de ver el contenido?

El que tiene la extensión **.BMP**, porque fue hecho con el Paint y por lo tanto es un **dibujo**. Así de simple.

No puede haber repetidos

Podemos tener muchos archivos con el mismo nombre y con distinta extensión, o también muchos con la misma extensión pero distinto nombre (que es lo más común). Lo que no podemos tener son dos archivos con el mismo nombre y la misma extensión en el mismo lugar.

Además, con Windows siempre veremos algo que nos ayudará mucho para identificar el contenido del archivo (además de la extensión): el **tipo**.

El **tipo** es una **descripción** de la **extensión** (**Figura 21**). Por ejemplo, si la extensión de un archivo es .DOC, el tipo dirá *"Documento de Microsoft Word"*. Si es .XLS, aparecerá *"Hoja de Microsoft Excel"*. Esto es mucho más fácil que descifrar de qué programa pueden provenir esas tres letritas. El tipo existe con el único fin de facilitarnos la identificación de los distintos archivos que tenemos en nuestra PC.

Nombre	Tamaño	Tipo	Modificado	Atrib
consultoras de personal temporario.mdb	80 KB	Base de datos de Microsoft Access	10/01/1999 19:19 PM	
Video Club.mdb	458 KB	Base de datos de Microsoft Access	28/12/1998 23:27 PM	
DARÍO 3.doc	32 KB	Documento de Microsoft Word	29/01/1999 18:27 PM	
dirección hotel.doc	27 KB	Documento de Microsoft Word	18/01/1999 21:55 PM	
lista de teléfonos.doc	19 KB	Documento de Microsoft Word	26/09/1998 13:34 PM	
MODELOS DE COMPUTADORAS.doc	28 KB	Documento de Microsoft Word	28/10/1998 16:42 PM	
Pautas generales.doc	41 KB	Documento de Microsoft Word	09/01/1999 22:52 PM	
Qué me falta hacer....doc	31 KB	Documento de Microsoft Word	27/01/1999 23:22 PM	
correo de frontpage.htm	3 KB	Documento Internet (HTML)	09/12/1998 13:23 PM	
examen de tarjeta de créd [Autor: DAG Computación]		oja de Microsoft Excel	08/12/1998 19:51 PM	
lista de películas.xls	15 KB	Hoja de Microsoft Excel	13/10/1998 00:10 AM	
Programas de derecho.xls	16 KB	Hoja de Microsoft Excel	23/09/1998 14:58 PM	
Programas de medicina.xls	16 KB	Hoja de Microsoft Excel	19/09/1998 20:12 PM	
tp 4 librería.xls	25 KB	Hoja de Microsoft Excel	08/12/1998 20:03 PM	
estoy practicando mucho.bmp	559 KB	Imagen de mapa de bits	30/01/1999 20:46 PM	

Figura 21. *Los archivos pueden ser agrupados según el tipo, para encontrar más rápido el que queremos.*

GUARDAR TODO LO QUE HACEMOS

Supongamos que estamos haciendo un trabajo muy largo, y que cuando vamos por la mitad nos cansamos y decidimos continuarlo después. Entonces, para poder seguir trabajando luego, lo que haremos será **guardarlo** asignándole un **nombre** cualquiera ("Informe mensual", por ejemplo).

Así, cuando retomemos ese trabajo, lo único que tendremos que hacer será entrar al programa que estábamos usando antes y **Abrir** ese archivo.

Un poco de práctica

Veámoslo mejor con un ejemplo:

Haremos un dibujo que se llamará *Diseño de mi casa*. Al guardarlo, quedará almacenado en el disco rígido dentro de una carpeta que se llama *Mis Documentos,* que es lugar donde Windows manda todos los archivos de trabajo para que no se mezclen con otros que andan por ahí.

Tengamos en cuenta que no es necesario tener el trabajo bastante avanzado para, recién entonces, guardarlo. Podemos comenzar con apenas dos o tres cosas y ya ir a la opción **Guardar**. Como consejo, siempre conviene ir guardando el trabajo antes de terminarlo.

Una vez dentro del **Paint**, el primer paso para guardar el dibujo será ir al menú **Archivo** y allí seleccionar la opción **Guardar** (**Figura 22**). De aquí en más, para ahorrar tiempo, cada vez que haya que ir a un menú y elegir una opción, se hará referencia al nombre del menú seguido de la opción que hay que seleccionar con un clic. Ej.: **Archivo — Guardar**.

Figura 22. Guardar *siempre está en el menú* **Archivo***, sin importar el programa que utilicemos.*

Todas las veces seleccionaremos la opción **Guardar**, y no **Guardar como**, pues hay una diferencia bastante importante entre ambas, que les explicaré más adelante. Aunque la ventana que aparezca luego sea la de **Guardar como**, no se mareen; la opción que hay que elegir, insisto, es **Guardar.**

La ventana que aparece (**Guía visual 2**) tiene sectores claramente definidos. Lo único que tenemos que hacer aquí es escribir **directamente** el nombre del archivo (por ahora), sin tocar en otro lugar; de otro modo, para escribir el nombre tendremos que realizar un par de pasos más.

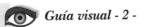 *Guía visual - 2 -*

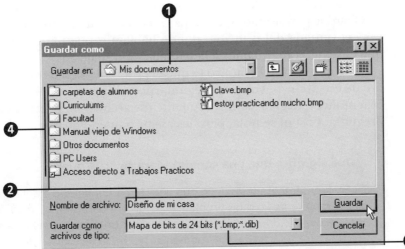

Guía visual 2. *Si miramos bien todos los sectores, no tendremos dudas sobre qué poner en cada uno.*

❶ **Guardar en:** es la ubicación donde se guardará el archivo (disquete, carpeta en el disco rígido, etc.)

❷ **Nombre de archivo:** aquí siempre aparece un nombre, que se borrará cuando escribamos el que queremos poner nosotros.

❸ **Guardar como archivos de tipo:** es la extensión que recibirá el archivo, en este caso, .BMP.

❹ **Sector principal:** aquí aparecen todas las carpetas y archivos existentes en la ubicación donde estamos trabajando. Los archivos que vemos son únicamente los que tienen la misma extensión del que vamos a guardar.

Una vez puesto el nombre, no elegimos nada más. Lo único que nos queda por hacer es presionar el botón **Guardar** (que está abajo a la derecha).

Listo. Se puede **cortar la luz** o "colgar" la computadora; nosotros no perderemos nada de lo que hicimos hasta el momento.

Después de guardar, podemos seguir trabajando tranquilamente sobre el dibujo. Lo ideal sería que guardáramos las modificaciones a medida que vayamos progresando, de esa manera evitaremos perder información en caso de que ocurra cualquier inconveniente; las modificaciones no se almacenan en el disco a menos que volvamos a guardar.

En ese trabajo, cada vez que entremos nuevamente al menú **Archivo — Guardar** pensaremos que no pasó nada porque ya no vuelve a aparecer esa ventana del principio donde habíamos puesto el nombre, sino que enseguida regresamos a la pantalla de trabajo.

Tiene que ser así. El motivo es que el programa **ya sabe** cuál es el nombre de ese archivo. Volver a preguntarnos sería una molestia; lo que hace, entonces, es guardar directamente ese archivo sin hacernos ninguna pregunta. Casi ni se nota, pero les aseguro que lo guarda.

¿Qué significa que una computadora se "cuelgue"?

Frecuentemente (más de lo que uno desearía), debido a defectos de los componentes o a un problema cualquiera del sistema, aparece un mensaje diciéndonos: *"El programa efectuó una operación no válida y se apagará"*. Si hasta ese momento no habíamos guardado nada, podemos llorar: ese mensaje significa que la máquina dejará de responder; en ese caso lo único que podemos hacer es cerrar el programa con el cual estábamos trabajando, perdiendo todo lo que habíamos hecho. Por eso, es conveniente ir guardando cada diez o quince minutos. Así, si aparece ese mensaje, perderemos a lo sumo la última parte del trabajo que no guardamos, pero no **todo**.

¿Qué pasa si tocamos en otro lado en vez de escribir directamente el nombre?

Al principio siempre aparece escrito un nombre que el mismo programa pone por configuración original. En el caso del Paint es *Dibujo*; en Word se tomará el primer párrafo que hayamos tipeado.

Ese nombre seleccionado (resaltado con color) desaparece apenas nos ponemos a escribir uno nuevo. Pero si apenas entramos en la ventana cliqueamos en cualquier otro lugar (por ejemplo, para elegir la ubicación, cosa que haremos más adelante), esa selección se pierde, y no habrá más remedio que **borrar manualmente** la palabra *Dibujo*.

La forma de realizar esta acción es llevando el mouse hasta el sector **Nombre de archivo**. Allí, en vez de la flechita, aparecerá algo similar a una i mayúscula (I) como vemos en la **Figura 23**. Tendremos que cliquear bien a la derecha y luego ir borrando todo con la tecla **Backspace** (que está arriba del **Enter**). Entonces sí podremos escribir un nombre nuevo.

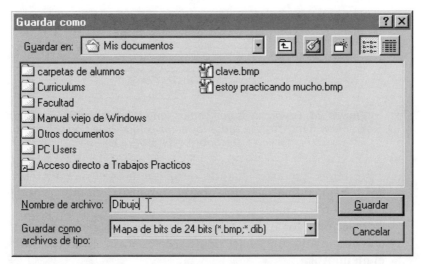

Figura 23. *Podemos dejar apretada la tecla **Backspace** para no borrar letra por letra.*

Mientras estemos trabajando veremos que el nombre que le pusimos al archivo aparece junto con el título del programa.

Abrir archivos

Para ver nuevamente un trabajo, tendremos que ir al menú **Archivo — Abrir.** Cuando entremos, aparecerá una ventana parecida a la de Guardar. Allí (en la **lista** que aparece) seleccionamos el nombre del archivo que queremos abrir (**Figura 24**). **No** hay que escribir **nada**, simplemente tenemos que cliquear en ese nombre y luego en el botón **Abrir**, que está abajo a la derecha. Nuestro dibujo aparecerá en la pantalla listo para que pintemos lo que se nos ocurra.

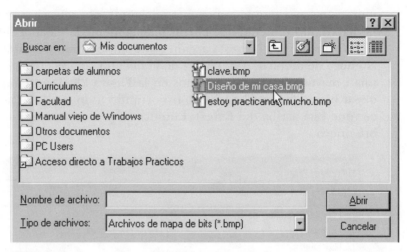

Figura 24. *Los archivos que vemos son exclusivamente los que tienen la extensión .bmp. No son todos los archivos que hay, sino solamente los que reconoce este programa.*

Prestemos atención cuando despleguemos el menú **Archivo** (**Figura 25**). Abajo, al final, siempre aparecerán cuatro nombres, que son los archivos con los cuales trabajamos recientemente en ese programa.

Seleccionar los archivos desde allí es práctico, pero no aparecen los archivos que utilizamos hace tiempo; en ese caso tendremos que entrar en el menú **Abrir.**

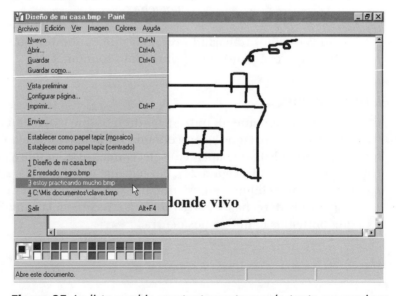

Figura 25. *La lista cambia constantemente, por lo tanto no conviene fiarse mucho de ella.*

Cuando realizamos algún cambio (agregamos una línea, etc.) e intentamos salir, el programa nos preguntará si queremos guardar. Si lo último que hicimos es importante, responderemos que **SÍ** a esa pregunta. El cambio se almacenará sobre el dibujo anterior y acto seguido saldremos automáticamente.

Si respondemos que **NO,** se perderá todo lo que agregamos y el archivo original quedará intacto, lo que es muy bueno si modificamos algo sin querer y no queremos almacenarlo.

¿CÓMO SE MIDE LA INFORMACIÓN?

Los archivos ocupan **espacio** en cualquier medio de almacenamiento donde se los coloque. Pero, ¿cómo hacemos para saber la cantidad que ocupan? o ¿qué cantidad de espacio libre todavía nos queda para seguir poniendo cosas? (porque en algún momento las unidades se llenan).

Sepamos que cuando un disco rígido colma su capacidad, tenemos varias posibilidades. Una es borrar lo que ya no utilizamos; otra, es comprar un disco rígido más grande, ya sea para reemplazar al viejo o para agregarlo además del otro que ya poseemos.

Bytes, megabytes, etc.

En la vida cotidiana, la unidad de medida son los centímetros; en computación, son los **bytes**. Un byte es equivalente a **un caracter** (letra, número o símbolo). Por lo tanto, un archivo de texto que contiene únicamente la palabra "hola" ocuparía en cualquier disco un total de **4 bytes**.

Las capacidades de los disquetes son éstas:

♦ 3 $^1/_2$ 1.450.000 **bytes** aproximadamente

♦ 5 $^1/_4$ 1.260.000 **bytes** aproximadamente

También se utilizan medidas equivalentes, como en la vida diaria. Si tenemos que medir una habitación, no vamos a decir que mide 400 **centímetros**; diremos que mide 4 **metros**. Acá sucede lo mismo. Existen el *kilobyte*, *megabyte* y el *gigabyte*. Cada uno equivale a determinada cantidad de bytes. Veámoslo mejor en la **Tabla 3.**

TABLA 3. MEDIDAS EQUIVALENTES		
1 kilobyte (KB)	1.000 bytes	
1 megabyte (MB)	1.000.000 bytes	1.000 KB
1 gigabyte (GB)	1.000.000.000 bytes	1.000 MB

Las medidas dadas aquí están **redondeadas; no son** los valores exactos. Lo que pasa es que en la práctica siempre se termina haciendo el redondeo, porque si no sería imposible hacer las cuentas. Pero, por si hacen falta (aunque no suelen ser de mucha utilidad), en la **Tabla 4** figuran los valores justos.

TABLA 4		
1 kilobyte (KB)	1.024 bytes	
1 megabyte (MB)	1.048.576 bytes	1024 KB
1 gigabyte (GB)	1.073.741.824 bytes	1024 MB

Cuando decíamos que un CD-ROM tiene una capacidad equivalente a 650 disquetes, en realidad estamos diciendo que su capacidad es de 650 MB (calculando que el disquete tuviera aproximadamente 1 MB).

Es más fácil expresarse en MB que decir *"seiscientos cincuenta millones de bytes"*; lo mismo vale para los discos rígidos. Un disco rígido de tres mil millones de bytes, se dice que tiene "tres giga" (porque ni siquiera en la práctica se utiliza la palabra entera "gigabyte").

Éste no es un tema sencillo; hay que tratar de no complicarse mucho y usar una regla de tres simple, como en la escuela primaria.

Pongamos un ejemplo: si tenemos un disco rígido de 4,5 GB, ¿a cuántos bytes equivale? Y en MB, ¿cuántos serían?

Pasando gigabytes a bytes:

1 GB	=	1.000.000.000 bytes
4,5 GB	=	4.500.000.000 bytes

¿Y en "megas"?

1 GB	=	1.000 MB
4,5 GB	=	4.500 MB

Aunque el tema en sí no es indispensable para usar la computadora (podemos seguir trabajando sin saberlo), es conveniente tener una idea bastante clara al respecto si queremos administrar todos nuestros archivos de manera eficiente. De lo contrario, nunca sabremos si un archivo puede entrarnos en un disquete o no, o si tenemos suficiente espacio en el disco rígido para instalar un programa.

Aquí hay una serie de ejercicios prácticos para resolver tranquilamente. Se puede usar una calculadora; no hay problema. Hasta lo ideal sería usar la que trae Windows en **Programas — Accesorios.**

Las soluciones figuran en la próxima página, pero es conveniente no mirarlas hasta terminar los ejercicios.

Ejercicio 1. Pasar a bytes

1.7 MB	=
8.000 KB	=
2 GB	=
140.000 KB	=
0.3 GB	=
1.500 MB	=
700 KB	=

Ejercicio 2. Pasar a Megabytes (MB)

4 GB	=
3.000 KB	=
1.200.000 bytes	=
11.000.000.000 bytes	=

No fueron nada fáciles, ¿no? No se preocupen, es cuestión de costumbre. A todo el mundo le cuesta un poco al principio.

700.000 Bytes
1.500.000.000 Bytes
300.000.000 Bytes
140.000.000 Bytes
2.000.000.000 Bytes
8.000.000 Bytes
1.700.000 Bytes

Éstas son las soluciones del ejercicio N° 1

11.000 Mb
1.2 Mb
3 Mb
4.000 Mb

Éstas son las soluciones del ejercicio N° 2

Windows generalmente mide los archivos en **kilobytes** (KB), por lo deberíamos practicar bastante esa medida. En la **Figura 26** podemos apreciar bastante bien cómo lo hace. Dentro de unos capítulos veremos la forma de visualizar cuánto espacio libre queda en el disco.

Nombre	Tamaño	Tipo	Modificado
consultoras de personal temporario.mdb	80 KB	Base de datos de Microsoft Access	10/01/1999 19:19 PM
Video Club.mdb	458 KB	Base de datos de Microsoft Access	28/12/1998 23:27 PM
DARÍO 3.doc	32 KB	Documento de Microsoft Word	29/01/1999 18:27 PM
dirección hotel.doc	27 KB	Documento de Microsoft Word	18/01/1999 21:55 PM
lista de teléfonos.doc	19 KB	Documento de Microsoft Word	26/09/1998 13:34 PM
MODELOS DE COMPUTADORAS.doc	28 KB	Documento de Microsoft Word	28/10/1998 16:42 PM
Pautas generales.doc	41 KB	Documento de Microsoft Word	09/01/1999 22:52 PM
Qué me falta hacer....doc	31 KB	Documento de Microsoft Word	27/01/1999 23:22 PM
correro de frontpage.htm	3 KB	Documento Internet (HTML)	09/12/1998 13:23 PM
examen de tarjeta de crédito.xls	20 KB	Hoja de Microsoft Excel	08/12/1998 19:51 PM
lista de películas.xls	15 KB	Hoja de Microsoft Excel	13/10/1998 00:10 AM
Programas de derecho.xls	16 KB	Hoja de Microsoft Excel	23/09/1998 14:58 PM
Programas de medicina.xls	16 KB	Hoja de Microsoft Excel	19/09/1998 20:12 PM
tp 4 librería.xls	25 KB	Hoja de Microsoft Excel	08/12/1998 20:03 PM
estoy practicando mucho.bmp	559 KB	Imagen de mapa de bits	30/01/1999 20:46 PM

Figura 26. *Los archivos de imágenes, sonidos y videos son los que más espacio ocupan.*

Imágenes en bytes

¿Se preguntaron cómo se almacena una imagen? En ese caso también se utilizan caracteres. Por ejemplo, el programa interpreta la combinación AJ109TTP4Z como un punto azul en la pantalla. Si una imagen está compuesta por muchos puntos, piensen en lo que puede llegar a ocupar.

LA MEMORIA RAM

El disco rígido es un medio de almacenamiento mecánico. La velocidad con la cual la computadora lee los datos de ese disco dependerá de la velocidad a la que gire. El que tengamos en nuestra PC podrá ser muy rápido, pero nunca funcionará a la velocidad de la luz, como lo pueden hacer los chips.

La memoria *RAM* consiste precisamente en eso, en unos chips que almacenan información en forma temporal y que funcionan a esa velocidad. Y es por eso que aceleran el trabajo en una PC, ya que si no la tuviésemos, la máquina tendría que leer constantemente los datos del disco rígido.

Vamos a explicarlo con un ejemplo:

Estamos usando un jueguito de fútbol y presionamos la barra espaciadora. El "cerebro" de la PC tendrá que leer los datos del programa que está en el disco para saber cómo reaccionar a esa acción del usuario. Recién una vez que termine de leer, sabrá que hacer (el jugador de un equipo pateará la pelota).

Ahora anotamos un gol. Nuevamente la PC tendrá que leer en el disco qué pasa cuando se hace un gol (cartelito de gol y festejo de los jugadores); y así con todo lo que hagamos. En la práctica, esto sería lentísimo.

En cambio, con la memoria *RAM* sucede lo siguiente: cuando **ingresamos** a un programa, la máquina **lee** la mayoría de las instrucciones **"de un saque"**, y hace una **copia** de ellas a la memoria. Por lo tanto, cuando realicemos cualquier acción, ya no tendrá que ir a buscar las instrucciones al disco, sino que consultará en milésimas de segundo a la *RAM* y obtendrá una respuesta inmediata.

Aunque de vez en cuando tenga que leer el rígido para buscar algún que otro dato, no lo hará en forma constante, y la velocidad de trabajo se incrementará notablemente.

Como es un medio electrónico, los datos van a permanecer allí mientras tenga suministro de energía. Eso significa que si se corta la luz, se pierden. Lo mismo sucederá cuando apagamos la computadora.

Al cargar el Paint, lo que hacíamos era enviar una copia de las instrucciones del programa que están en el disco rígido a la memoria *RAM*. Cualquier trabajo que hagamos con este programa se creará en ese lugar.

El motivo por el cual tenemos que **guardarlo** se debe a que nuestro trabajo nunca existió físicamente en el disco rígido, sino que originalmente se creó en esta memoria electrónica, y se perdería si se cortara la luz. Con las instrucciones del programa Paint no habría problema porque son una **copia**, pero nuestro trabajo es el *original*.

El proceso de **guardar** a los archivos consiste simplemente en **pasar** los datos que están en la memoria *RAM* al disco rígido.

Mientras más memoria *RAM* tengamos, más rápido vamos a trabajar, ya que más datos podrán leerse en el disco de una sola vez. Esto hará que se acceda menos, y en consecuencia, aumente la velocidad de los procesos.

Para saber qué cantidad de RAM tenemos instalada en nuestra computadora, simplemente hay que ver hasta dónde llega el conteo en KB que se efectúa apenas la prendemos. Si llega a 32.000, aproximadamente, significa que tenemos 32 MB.

Generalmente podemos **agregar** más RAM de la que tenemos, pero para hacerlo es conveniente consultar a un técnico.

Windows 98 requiere un mínimo de 16 MB para trabajar, aunque si tenemos esa cantidad, mejor armémonos de paciencia: todo funcionará muy lento. Veamos en la **Tabla 5** cuáles son las cantidades necesarias para que todo funcione en forma adecuada.

Tabla 5

CANTIDAD DE RAM	FORMA DE TRABAJO
16 MB	Lenta
32 Megabytes	Bastante buena
64 MB o más	Óptima

Para trabajar con Windows, Word, Excel, etc., alcanzan 32 MB. Ahora, si lo que queremos es instalar esos juegos *increíbles* en nuestra computadora, será mejor que contemos con 64. Tener más ya es para darle un uso profesional.

HARDWARE Y SOFTWARE, DOS PALABRAS RARAS

Cuando hablamos de *hardware* nos referimos a la parte **física** de la computadora, por ejemplo el monitor, una plaqueta, el teclado, los chips, etc.

Si la máquina deja de funcionar y el técnico nos dice que tiene un problema de *hardware*, lo que quiere decir es que algún componente físico no funciona bien.

Hablar del s*oftware* es referirse a los **programas**, que comprenden la parte intangible de la máquina.

Si un entendido viene y nos dice *"¡Che!...¡Qué buen software tenés en tu computadora!"* no lo miremos con cara de pocos amigos pensando que nos está cargando. Lo que quiso decir es: *"¡Che!... ¡Qué buenos programas tenés!"*.

Existen empresas dedicadas principalmente al *hardware*, como I.B.M. (que fabrica computadoras) o Hewlett Packard (impresoras), y empresas dedicadas al *software*, como Microsoft, aunque también fabrica algunos teclados (**Figura 27**) y mouse ergonométricos.

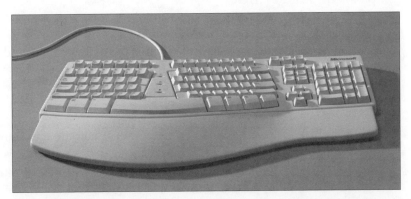

Figura 27. *Este teclado es lo más moderno que existe. Su forma evita dolores en las muñecas debido al uso intensivo (¡yo tengo uno!).*

Primeros pasos

1

RESUMEN

Las PCs utilizan un sistema operativo para poder comunicarse con el usuario. El más popular y moderno es el Windows 98. Además de ser el intérprete, nos permitirá administrar toda la información que haya en la computadora.

Una vez que se carga Windows, para poder ingresar a algún programa hay que cliquear con el botón izquierdo sobre **Inicio**, y luego ir hasta **Programas** para buscar el que deseamos. Podremos encontrar su ícono directamente, o dentro de una carpeta.

Si queremos volver a ver los trabajos que hicimos, antes debemos guardarlos en algún medio de almacenamiento. El más común es el disco rígido; y si hay que transportar los datos, será mejor hacerlo en un disquete.

Al guardarlo, el trabajo queda como un "archivo". Los archivos se identifican por el nombre y la extensión que poseen.

Lo que hace la extensión es identificar al programa con el cual fue creado ese archivo. Esto es posible debido a que cada programa asigna una extensión determinada a los archivos generados por él; por ejemplo, la de Word es .DOC.

Para guardar, en cualquier programa, hay que ir al menú **Archivo — Guardar**; para abrir, al de **Archivo — Abrir**.

Cuando no guardamos, lo que hicimos permanece temporalmente en la memoria RAM hasta el momento en que se guarde. El proceso de guardar consiste en pasar a un medio de almacenamiento los datos que están en esta memoria.

Los archivos ocupan espacio en cualquier medio de almacenamiento. Ese espacio se mide en bytes, kilobytes, megabytes o gigabytes, según la ocasión y conveniencia práctica. Cada una de estas medidas equivale a cierta cantidad de la otra, al igual que los centímetros, metros, kilómetros, etc.

El hardware es la parte física de la computadora; el software son los programas.

EJERCICIOS

Verdadero o Falso

1. Si apagamos el monitor se pierden los datos que se estaban procesando en ese momento.

2. Cuando prendemos la máquina, el primer programa que aparece cargado es el Word.

3. En Windows 98, los archivos pueden tener nombres de hasta doscientos cincuenta y cinco caracteres, y una extensión de un total de tres.

4. La cantidad necesaria para trabajar de una forma medianamente rápida con Windows ´98 son 32 Gigabytes.

5. Para apagar la PC, lo más recomendable es salir de todos los programas y hacer un clic en **Inicio — Apagar el Sistema**, y luego, antes de **Aceptar** elegir la opción **Apagar el equipo**.

Completar los espacios en blanco

1. El creador de Windows es la empresa _____ cuyo dueño es _____

2. Para terminar de trabajar en un programa hay que ir al menú **Archivo -** _____ o tocar la ____ que está en la parte superior izquierda de la ventana.

3. Diez Megabytes equivalen a diez _____ de bytes.

Respuestas de *Verdadero o Falso*

1. Falso. Es en la CPU donde se procesan los datos. Apagar y prender el monitor no afecta para nada el desempeño de la máquina.

2. Falso. Cuando la encendemos, lo primero que se carga es el sistema operativo; luego, el usuario tendrá que ingresar al programa que desea.

3. Verdadero. El límite de ocho caracteres para el nombre era sólo en DOS y Windows 3.1.

4. Falso. Son 32 megabytes (que es muchísimo menos).

5. Verdadero. Conviene llevar a cabo todo este procedimiento en vez de apagarla directamente.

Respuestas de *Completar*

1. Microsoft — Bill Gates
2. Salir — Equis
3. Millones

INTENSIFICANDO LA PRÁCTICA

Tiempo estimado de lectura y práctica:
1 hora y media

Intensificando la práctica

En este capítulo llevaremos a la práctica todo lo que vimos en el primero, y al mismo tiempo aprenderemos otras cosas nuevas.

TRABAJANDO CON DISQUETES

¿Cómo se guarda un archivo en un disquete?

Hasta ahora a los trabajos que hicimos los guardamos en el disco rígido, dentro de una carpeta llamada *"Mis documentos"*. Pero la idea es que empecemos a guardar las cosas en un disquete, ya que así podremos llevarlas de una computadora a otra.

La diferencia es de sólo **un paso**, que se agrega al proceso de guardar un archivo. Ese paso será el de indicar **el lugar** donde quedará almacenado (**Guardar en:**).

Lo que hacíamos antes era solamente poner el nombre y nada más.

Tengamos en cuenta que antes de guardar algo en un disquete, primero tendremos que colocarlo en la disquetera. Si hicimos todo y nos olvidamos este paso, aparecerá un mensaje de error preguntándonos si queremos **cancelar** la operación o volver a intentarlo (reintentar). Lo que conviene es colocar el disquete y elegir **Reintentar**.

Lo mejor es usar uno **nuevo** para ir poniendo allí todos los trabajos y evitar inconvenientes.

La cuestión, entonces, es simple: **una vez** que hayamos escrito el **nombre** en la ventana de **Guardar como...**, tendremos que cliquear con la flechita que apunta hacia abajo en el sector **Guardar en**, tal como vemos en la **Figura 1**. En la lista que aparece, cliqueamos sobre la unidad A:, que en este caso es el disco de 3 $\frac{1}{2}$.

Listo, ya está. Lo único que nos falta para que nuestro trabajo quede almacenado en el disquete es cliquear en el botón **Guardar** (abajo a la derecha). Notaremos que la luz de la disquetera se enciende, esto quiere decir que está trabajando. Cuando se apaga, significa que terminó de guardarlo.

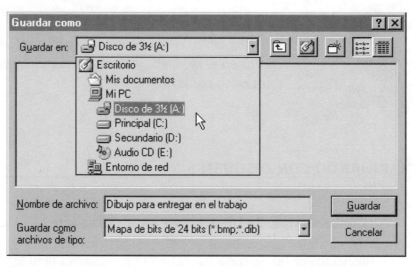

Figura 1. *La flechita que apunta hacia abajo siempre desplegará un menú con opciones. En este caso, son todas las unidades disponibles.*

¿Cómo comprar disquetes?

Lo mejor es una cajita de discos de 3 ½. Vienen de a diez, y no debe costar más de cinco pesos. Las conseguimos en cualquier casa de computación o librería. También hay lugares donde los venden sueltos. Si nos cobran más de un peso cada uno, nos están estafando.

Datos para tener en cuenta

Los dibujos suelen ocupar entre 600 y 900 KB, lo que representa una gran parte de la capacidad del disquete. Debido a eso, a veces no podremos guardar dos trabajos en un mismo disco.

El motivo por el cual los archivos ocupan tanto espacio es que cada dibujo se almacena con una gran calidad de imagen, lo que hace que su tamaño sea enorme.

Se puede sortear esa dificultad cambiando la calidad con la cual se guarda: mientras más baja sea, menos espacio ocupará.

Para hacerlo, tenemos que presionar la flechita que apunta hacia abajo en donde dice **Guardar como archivos de tipo**; allí, en lugar de **Mapa de bits de 24 bits**, seleccionamos **Mapa de bits de 256 colores**, como en la **Figura 2**.

Antes de guardarse aparecerá otra ventana indicando que en ese formato se perderá información (**Figura 3**). No le prestemos atención; digamos que **Sí** queremos continuar. Ahora nuestro trabajo no ocupará más de 200 Kb.

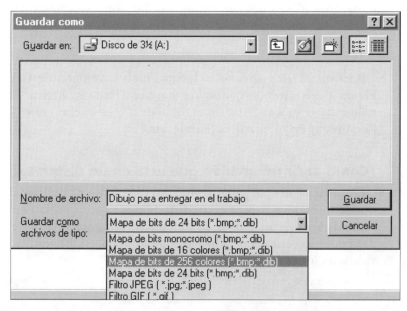

Figura 2. *El Paint permite guardar un mismo trabajo en distintas calidades y hasta con otras extensiones.*

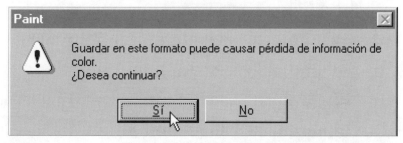

Figura 3. *Como no estamos haciendo un trabajo profesional, este mensaje no nos tiene que preocupar.*

Ojo, a no confundirse. Este procedimiento sólo lo haremos en el Paint, pero **no** en otros programas. El ejemplo fue para no tener que usar un disquete por cada trabajo que hagamos y poder practicar guardando varios dibujos en un solo disco.

Cuando el disquete se llena, aparece un cartel que nos lo hace saber. En ese caso, lo único que podemos hacer es grabar el archivo en otro disquete.

Más adelante veremos como borrar archivos para ir sacando lo viejo y poder guardar otras cosas. También aprenderemos a visualizar cuánto espacio libre nos queda, dato que nos será de utilidad para evitar este tipo de trastornos.

Bueno... al fin y al cabo, si leemos bien la ventana de **Guardar** en la **Figura 1** nos daremos cuenta de que tiene bastante lógica. El archivo finalmente se va a guardar en el disco de $3\ ^1/_2$ con el nombre "Dibujo para entregar en el trabajo". Simple, ¿no?

¿Cómo abrir un archivo que está en un disquete?

El primer paso para lograr nuestro objetivo será indicar al programa **dónde** queremos buscar el archivo. Si nos fijamos en la **Figura 4**, notaremos que el sector que en la ventana de **Guardar** veíamos como **Guardar en**, en la ventana de **Abrir** se llama **Buscar en.** Es aquí es por donde vamos a empezar.

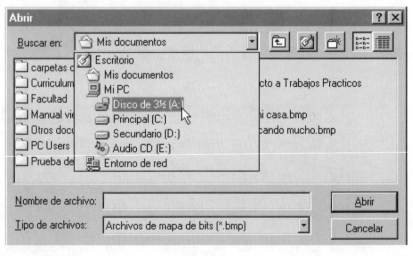

Figura 4. Aquí no hay que escribir ningún nombre, sólo seleccionar la unidad y luego el archivo de la lista que aparece abajo.

Al desplegar con la flechita que apunta hacia abajo la lista de opciones disponibles, elegiremos el **Disco de 3** $^1/_2$**.** En seguida aparecerán en el sector principal todos los trabajos que tengamos en ese disquete. Lo único que tenemos que hacer es cliquear el archivo que deseamos y luego el botón **Abrir** (**Figura 5**).

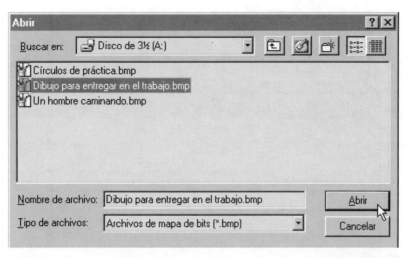

Figura 5. *Apenas marquemos un nombre, éste aparecerá automáticamente en el sector* **Nombre de archivo**; *es por eso que no hay necesidad de escribirlo.*

PRACTICAR CON DISTINTOS PROGRAMAS

Ahora vamos a practicar todo lo que aprendimos aplicándolo en el uso diario de distintos programas. Usaremos Word y Excel como ejemplos.

Hay un detalle muy importante: para poder hacer las prácticas de esta sección debemos tener esos programas instalados en nuestra PC.

Para ingresar a ellos, podemos encontrar los íconos en dos lugares: apenas ingresamos a **Programas**, o dentro de una **carpeta** llamada *Office ´97*, según como se hayan configurado en un primer momento.

Atención: no es lo mismo el *Wordpad* que el *Microsoft Word ´97*. El primero es una versión simple y reducida del segundo.

Word

Supongamos que nuestro tío Juan está enfermo y queremos mandarle una carta para saludarlo y preguntarle sobre su estado de salud. La carta la podremos hacer nuestra máquina, pero como no tenemos impresora, tendremos que imprimirla en la casa del vecino, que justo acaba de comprar una nueva.

Intensificando la práctica

2

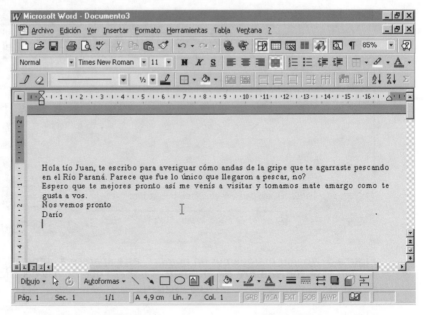

***Figura 6.** Ésta será la carta que le escribiremos a nuestro tío*

Lo que haremos será ingresar a Word y escribir un texto como el de la **Figura 6**. Cuando lo hayamos tipeado todo o una buena parte, entraremos en el menú **Archivo - Guardar** (**Figura 7**).

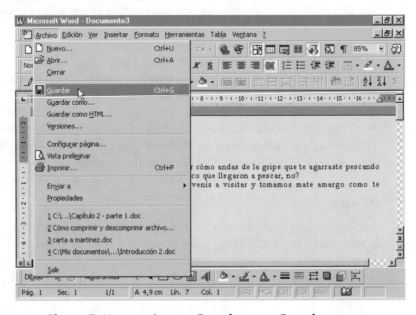

Figura 7.** Usemos siempre **Guardar**, y no **Guardar como...

2

Intensificando la práctica

¿Cómo se escribe?

En el capítulo 6, referente a Word, veremos más en detalle el uso del teclado. Por ahora escribiremos todo de corrido, y una vez que finalicemos un párrafo (no un renglón) apretaremos la tecla *Enter* para ir hacia abajo. Para hacer las mayúsculas usamos **Shift**.

En la ventana que aparece escribimos el **Nombre de archivo**, y luego elegimos la ubicación. En nuestro caso será el disquete, debido a que tenemos que llevar la carta a otro lado para imprimirla. Finalizadas todas esas tareas, cliqueamos el botón de **Guardar** (**Figura 8**).

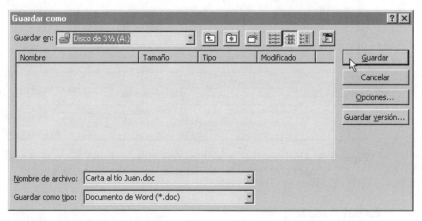

Figura 8. *Comparada con la ventana del Paint, ésta presenta más opciones, pero los elementos básicos están en el mismo lugar.*

Listo. Ya podemos salir de Word y llevar el disquete a la casa de nuestro vecino. Allí, para poder imprimir el archivo tendremos que **Abrirlo** en la PC de él. Repasemos cómo hacerlo.

Una vez que ingresamos a Word, vamos al menú **Archivo — Abrir**. En el sector **Buscar en** (**Figura 9**) seleccionamos el **Disco de 3** $^1/_2$. Inmediatamente aparecerá abajo el nombre del archivo que tenemos en ese disco. Sólo resta cliquear en ese nombre y luego en **Abrir**, con el botón izquierdo.

La carta aparecerá en la pantalla. A partir de entonces, podremos hacer con esa carta lo que deseemos.

Tengamos en cuenta que los nombres de archivos que aparecen en la lista son solamente los de Word. Podemos tener otros más en el disquete, por ejemplo, dibujos del Paint o planillas de Excel, pero sólo veremos los del tipo de Word.

Es una cuestión de "economía visual": en principio, como Word sólo puede abrir archivos con la extensión .DOC, no tiene sentido que veamos los demás, aunque en el disquete haya cincuenta planillas de Excel y veinte diseños de logotipos.

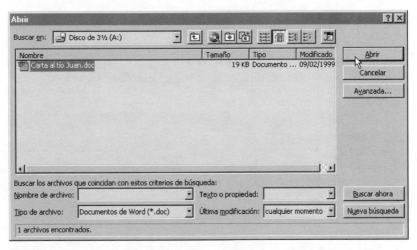

Figura 9. *Aquí también encontramos más opciones, pero de todas formas seguiremos usando las que aprendimos hasta ahora.*

Excel

El **Excel** está destinado a hacer todo tipo de **planillas** y, a partir de los datos contenidos en ellas, a crear gráficos estadísticos como los que vemos habitualmente en los diarios.

Debido a su facilidad de cálculo y a la manera práctica de manejar todo lo relacionado con los números, los contadores lo utilizan muchísimo. Y nosotros también.

Casualmente, debemos entregar un informe a nuestro jefe con los gastos de la semana que se hicieron en la oficina. Será parecido al que vemos en la **Figura 10**.

Excel se maneja por **celdas**. Utilizaremos las flechitas que hay en el teclado para movernos a través de ellas, y cada vez que terminemos de escribir un valor o un texto apretaremos **Enter**.

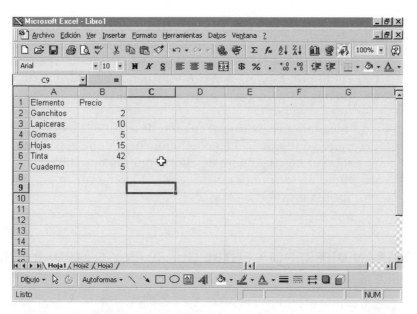

Figura 10. *Tenemos filas (horizontales) y columnas (verticales); las intersecciones de ambas se denominan celdas. Empezaremos a escribir en la celda A1 (¡igual que en la batalla naval!).*

Para poder entregar nuestro informe tendremos que guardarlo en un disquete. El procedimiento será igual al que seguimos con Word: primero vamos al menú **Archivo — Guardar**. Una vez allí, escribimos directamente el nombre de nuestro archivo, que se llamará *"Reporte Semanal"*. ¿La ubicación? El disco de 3 ½.

Todo nos tiene que quedar como en la **Figura 11**. Para finalizar, cliqueamos en el botón **Guardar**.

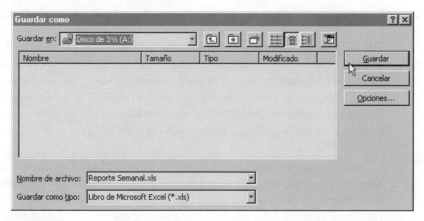

Figura 11. *Si siempre respetamos todos los pasos, no nos puede salir mal.*

Cómo funcionan los programas

El procedimiento para **Guardar** y **Abrir** *siempre* es el *mismo*, no importa el programa que se utilice. Aunque, sinceramente, creo que ya se dieron cuenta de eso. ¿O acaso no les pareció familiar todo el procedimiento a la hora de guardar un archivo en Excel?

La idea que tuvo *Microsoft* cuando desarrolló Windows y los distintos programas que trabajan bajo ese entorno, es que aprendamos las cosas **una sola vez** en cualquiera de ellos, y que cuando utilicemos un programa nuevo no tengamos que aprender todo de vuelta. La verdad es que esto facilita mucho las cosas.

LA GRAN DIFERENCIA ENTRE GUARDAR Y GUARDAR COMO...

Existe una diferencia importante entre esas dos opciones:
Cuando elegimos **Guardar** *por primera vez*, aparece en realidad la ventana de **Guardar como...**, donde podemos especificar el nombre y la ubicación del archivo.
Pero posteriormente, cada vez que guardemos **no nos preguntará nada**, porque simplemente el programa ya conoce esos datos, entonces guardará directamente el archivo con los cambios que hayamos hecho **en el mismo lugar** donde estaba, y **con el mismo nombre**.
Si es la **primera vez** que guardamos, entonces no hay **diferencia** entre elegir **Guardar** y **Guardar como...** Pero sólo la primera vez; **después** la cosa **cambia**.
Si ya guardamos algo en un lugar y con un nombre, al optar por **Guardar como...** tendremos la posibilidad de elegir **otra** ubicación y **otro** nombre para el archivo con el cual estamos trabajando en ese momento.

Por ejemplo: estamos modificando un informe que ya guardamos en el disco rígido con el nombre *"Gastos del mes"*. Lo que podremos hacer es elegir **Guardar como...** del menú **Archivo** y asignar una **nueva ubicación** (el disquete, por ejemplo) para ese archivo, y si queremos, también un **nuevo nombre.** Esto último no es obligatorio; podría conservar el anterior (total lo estamos poniendo en otro lado).

Tendremos entonces en el disquete una **copia** del archivo, con la que seguiremos trabajando y que iremos **actualizando**. Si seguimos haciendo cambios y los grabamos con la opción **Guardar** (a secas), como corresponde de aquí en más, **el archivo** que quedó en el **disco rígido** quedará **desactualizado**, pues ni se entera de que nosotros **seguimos traba-**

jando con el disquete y haciendo **modificaciones**.

Muchos utilizan este método (aunque no es el ideal) para copiar archivos de un disquete a otro, en vez de hacerlo desde el *Explorador de Windows* como veremos enseguida.

Intensificando la práctica | 2

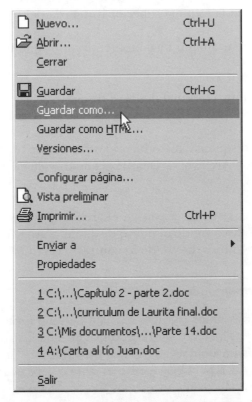

Figura 12. La primera vez es lo mismo, la segunda no.

Usar este método para copiar archivos entre disquetes

Podemos utilizar lo que aprendimos recién (aunque no es la mejor opción) para pasar un archivo de un disquete a otro. Lo que siempre hay que <u>evitar</u> es este proceso:

1. **Introducir** el disquete que contiene el archivo **original** ,
2. **Abrir** ese archivo,
3. **Hacer un cambio e introducir el otro disquete,** donde queremos copiar el archivo,
4. **Guardar directamente.**

TODO ESO NO SIRVE, simplemente porque para poder guardar un archivo en otro lado, la máquina siempre necesita leer al **archivo original**, y aquí ya hemos retirado el disquete que lo contiene y puesto otro.

Si lo hacemos, aparecerá una pantalla azul indicando que no se puede leer el archivo. Para salir del mensaje de error hay que presionar **Esc,** que está en la esquina superior izquierda del teclado.

Para llegar a buen término, tendríamos que llevar a cabo los siguientes pasos:

1. **Abrir** el archivo original desde el disquete
2. Ir a **Archivo — Guardar como...** y guardar ese mismo archivo en el **disco rígido**.
3. Retirar el disquete e introducir el otro, donde lo vamos a copiar
4. Ir otra vez a **Archivo — Guardar como...** y elegir como ubicación el disquete de $3\ ^1/_2$.

Si nos detenemos a pensar, el archivo pasó del disquete al disco rígido, y del disco rígido al nuevo disquete. Tuvo que haber un **intermediario** entre ambos discos, de lo contrario no hubiese sido posible.

Incrementando la seguridad

A los **genios** (siempre hay uno por ahí) les comento que pueden usar este método para hacer copias de seguridad del mismo archivo en la **misma unidad** poniéndole **otro nombre** (Informe 2, Informe 3, etc.). Así, si por algún motivo se borra o daña el archivo con el que estamos trabajando, tendremos la copia anterior, que si bien puede no estar completa, seguramente contendrá una buena parte del trabajo.

DESCRIPCIÓN DE LAS VENTANAS

Cuando entramos a Windows nos encontramos con la pantalla principal, cuyo nombre técnico es **Escritorio.** Allí podremos ver cualquier imagen que decidamos utilizar para decorarlo, y se encuentran, además, los íconos que más usamos.

Si observamos la **Guía visual 1**, notamos que en su parte inferior está la **Barra de tareas**: es la que tiene el botón **Inicio** y el lugar donde irán apareciendo los nombres de los distintos programas con los que estamos trabajando en un momento determinado.

Más adelante ampliaremos y definiremos bien las funciones de cada elemento que hay en el **Escritorio.**

Guía visual - 1 -

Guía visual 1. *La imagen es a gusto del usuario; podemos poner la que se nos ocurra.*

1 Área del Escritorio

2 Íconos sobre el Escritorio

3 Barra de tareas

Cuando cargamos un programa o entramos en cualquier opción, vemos el contenido dentro de una ventana. Para que se entienda mejor, indicaremos cómo está compuesta cada una de ellas. Usaremos como ejemplo la ventana del **Bloc de notas** (**Guía visual 2**).

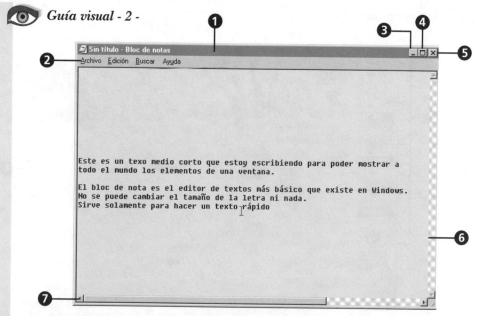

Guía visual 2. *Todas las ventanas tienen los elementos principales ubicados en el mismo lugar.*

1 Barra de título: Aquí aparece el nombre del programa u opción en cuya ventana estamos trabajando. Si estamos en el Paint, aparecerá este nombre; si estamos en la ventana de **Abrir,** también lo indicará. Es útil para no confundirse cuando hay muchas ventanas abiertas y no sabemos cuál es cuál.

2 Barra de menú: Presenta todas las opciones que se pueden realizar desplegando los menúes del programa.

3 Botón Minimizar: Reduce al mínimo el tamaño de la ventana y la deja como un botoncito en la barra de tareas, pudiendo de esta manera visualizar el escritorio.

4 Botón Maximizar: Agranda la ventana para que ocupe toda la pantalla.

5 Botón Cerrar: Opción para salir del programa.

6 Barra de desplazamiento vertical: Se habilita automáticamente cuando el contenido de la ventana es más grande que el tamaño de ésta y no cabe en su interior; para poder ver todo, hay que desplazarse usando esa barra.

7 Barra de desplazamiento horizontal: Idem anterior.

MINIMIZAR, MAXIMIZAR Y RESTAURAR

El primer botón: Minimizar

Cuando estamos trabajando en un programa, podemos **achicar** su **ventana** completamente presionando el botón **Minimizar**. Los motivos para hacerlo pueden ser varios, pero el más común es querer ver algo que está en el escritorio y que la ventana está tapando.

La idea es poder minimizar la ventana de un programa, hacer cualquier otra cosa, y regresar sin haber salido de él. Es esto último lo que caracteriza esta opción: **no se sale** del programa, sino que nos permite hacer otra cosa sin tapar el escritorio, y volver a trabajar en el programa cuando volvamos a necesitarlo.

Cuando una ventana está minimizada, queda en la **Barra de tareas** con forma de botón, tal como se ve en la **Figura 13**. Para volver a agrandarla, tendremos que cliquear justo sobre ese botón.

La opción de **Minimizar** se utilizaba muchísimo en Windows 3.1, ya que era la única posibilidad que teníamos para poder pasar de un programa a otro. Afortunadamente, en Windows 95 apareció la **Barra de tareas**, que nos facilita el trabajo porque no tenemos que minimizar demasiado. Más adelante, cuando veamos la función que tiene la barra, lo entenderemos mejor.

Figura 13. *En este caso, el programa minimizado fue el Paint.*

El botón del centro: depende...

Cuando maximizamos una ventana, se agranda y ocupa toda la pantalla. Entonces, el botón que aparece en el centro es el de **Restaurar**, ya que la ventana no puede agrandarse (maximizarse) más. En la **Figura 14** vemos como quedaría.

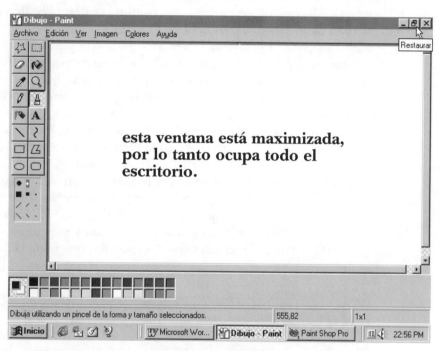

Figura 14. *El botón del centro cambia según el estado de la ventana (maximizada o restaurada).*

Al presionar el botón de **Restaurar**, la ventana adopta una forma tal que el usuario puede cambiar a su antojo el tamaño y la ubicación de esa ventana, moviéndola de lugar.

Se utiliza para que cada usuario le dé a la ventana de trabajo el tamaño que prefiera; además, permite superponer varias. En la **Figura 15** observamos que ahora, en lugar del botón **Restaurar**, aparece el de **Maximizar**.

esta ventana
está
restaurada

Intensificando la práctica **2**

Figura 15. *Podemos encimar las ventanas restauradas e ir trabajando con la que deseemos.*

Aunque no tiene nada de malo trabajar así, para mayor comodidad siempre conviene tener la ventana maximizada.

El botón de la derecha: Cerrar

En cualquier ventana, la **X** aparece siempre en el mismo lugar: en la esquina superior derecha. Su función es **cerrar la ventana con la que estamos trabajando**.

Si entramos en un programa y queremos salir, presionaremos la **X** (que equivale a **Archivo — Salir**). Si ingresamos en un menú y elegimos la opción errónea (ej: **Archivo — Guardar**, en lugar de **Abrir**), podemos irnos y dejar todo sin efecto usando la **X**.

¿Qué botón apretar?

En Word encontraremos los mismos botones repetidos en la hilera de arriba y en otra más abajo, es decir que en total hay seis. No nos preocupemos; por ahora, siempre usaremos los tres de arriba.

CAMBIAR EL LUGAR Y EL TAMAÑO DE LAS VENTANAS

Veamos cómo debemos hacer para **mover una ventana**:

Primero llevamos la flechita del mouse hasta la barra de título. Allí cliqueamos con el botón izquierdo y lo mantendremos presionado. Al mover el mouse cambiaremos de posición la ventana. Para dejarla fija en un lugar, simplemente soltamos el botón.

Podemos poner a una ventana al lado de otra, como en la **Figura 16.** Para identificar con qué ventana estamos trabajando (lo que se denomina "ventana activa") hay que mirar la barra de título: la que tiene color y no está en gris claro es la que estamos utilizando en ese instante.

Figura 16. *Si tipeamos un texto, no aparecerá en Word, porque la ventana activa es la de Paint.*

Agrandar y achicar

Para cambiar el tamaño de una ventana, primero hay que ir con el mouse hasta uno de sus extremos. Una vez ubicados allí, aparecerá una **flechita con punta doble**.

En ese momento cliqueamos con el botón izquierdo, y manteniéndolo **presionado** nos **movemos** hacia **adentro** de la ventana (para achicar) o hacia **afuera** (para agrandar), tanto en forma vertical como horizontal (según en qué extremo nos encontremos).

Podemos hacerlo desde **cualquier** extremo, aunque lo mejor es ir a la esquina inferior derecha (**Figura 17**), ya que desde allí podremos cambiar el tamaño en forma vertical y horizontal simultáneamente.

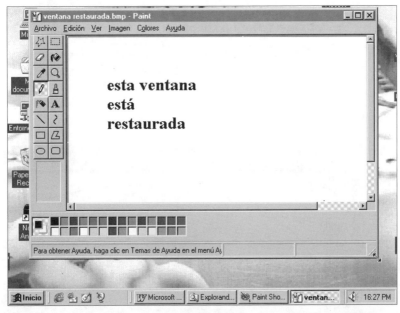

Figura 17. *El Paint sólo se puede achicar hasta cierto tamaño, pero el resto de los programas generalmente no tienen un límite.*

LAS BARRAS DE DESPLAZAMIENTO

Aparecen automáticamente en todos lados, siempre que el **contenido** supere el área que la **ventana** puede mostrar. Se utilizan para **deslizarse** por la ventana y así poder **ver lo que falta**.

Las hay de dos tipos: horizontales y verticales. Ambas se hacen presentes solas en el momento en que son necesarias, y desaparecen de la misma manera cuando en la ventana donde estamos trabajando se puede ver absolutamente todo el trabajo. Hay casos en los que no desaparecen, pero quedan deshabilitadas (en color gris clarito), que es lo mismo.

Intensificando la práctica

2

Hagamos una prueba para ver cómo funcionan: ingresemos al Paint, maximicemos la ventana y dibujemos una elipse bien grande (si usamos la herramienta correspondiente, mejor) como la de la **Figura 18**.

Un detalle a tener en cuenta

Si el área blanca que hay para dibujar es chica, simplemente vamos a la esquina inferior derecha; cuando aparezca la flechita con punta doble, agrandamos esa área al máximo posible.

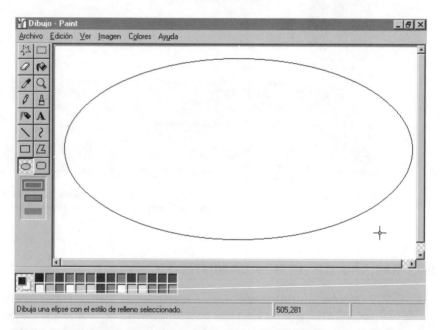

Figura 18. *Una vez que seleccionamos la herramienta de elipse, cliqueamos en una esquina de la hoja y, manteniendo el botón apretado, estiramos hasta la otra.*

Bien; ahora lo que haremos será **Restaurar** la ventana y dejarla con un tamaño similar al de la **Figura 19**.

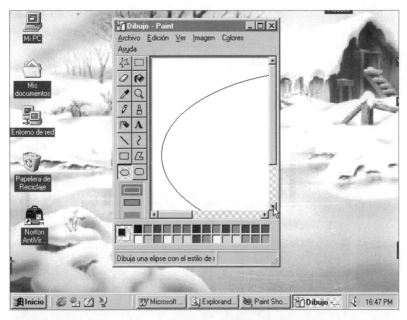

Figura 19. *El círculo no se borró, lo que pasa es que no podemos verlo entero por el tamaño que tiene la ventana.*

Para poder ver el resto del círculo tendremos que usar las barras de desplazamiento. Si nos fijamos bien, veremos que en la vertical hay una especie de botón gris y dos flechitas en los extremos apuntando hacia arriba y abajo respectivamente.

Cierta vez, alguien definió ese botón gris de una manera que me causó mucha gracia, pero me di cuenta de que tenía razón: es como un ascensor. En este momento está arriba de todo, pero a medida que vayamos bajando, el botón irá haciéndolo en forma proporcional al resto del dibujo que nos falta ver, hasta llegar al extremo inferior (planta baja, je, je).

Lo mismo sucede con la barra horizontal. En la **Figura 19** estamos totalmente a la izquierda del dibujo, pero podemos ir hacia la derecha usando la flechita que corresponde.

Tres formas de utilizar las barras

La primera ya la vimos, que es presionar sobre las flechitas que tienen en un extremo. Pero hay otras más, por ejemplo **tomar** (cliquear y mantener presionado) el **botón gris** e ir **deslizándolo con el mouse**. Así llegaremos más rápido a cualquiera de los dos extremos, pero será algo impreciso. Por ejemplo, si queremos ir hasta un sector determinado que estamos buscando, seguramente pasaremos de largo.

El tercer método (**Figura 20**) es presionar en la **zona gris** donde **no está el botón**. Así lo haremos avanzar hacia ese lado pero **de a bloques**: llegaremos más rápido que con el primer método, y con algo más de precisión que con el segundo.

Se podrían llegar a **combinar** los tres métodos. Por ejemplo, cuando tengamos que buscar algo en una lista larga, primero nos aproximamos tomando y deslizando rápidamente el botón, luego lo hacemos avanzar de a bloques, y cuando estamos bastante cerca avanzamos uno por uno con la flechita.

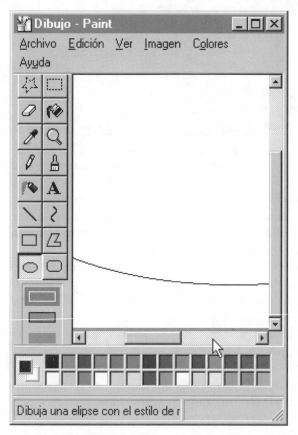

Figura 20. *Aquí estamos en la parte inferior del círculo; si cliqueamos, nos moveríamos hacia la derecha.*

Para confirmar que las barras aparecen en todos lados, hagamos una prueba en Word. Supongamos que queremos aumentar el tamaño de la letra de un título. Alguien nos sugiere que el tamaño 36 estaría bastante bien.

Cuando desplegamos la lista con todos los tamaños de letra, al principio no lo encontraremos, pero si nos fijamos bien, al costado hay una barra de desplazamiento. Después de deslizarnos en esa barra ubicamos el tamaño que queríamos usar (**Figura 21**).

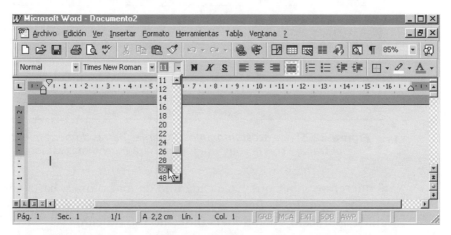

Figura 21. *Siempre hay que fijarse bien si aparece una barra de desplazamiento, y no creer que no existe lo que buscamos si al principio no está.*

LAS BARRAS DE HERRAMIENTAS

Cuando entraron por primera vez al Word seguramente se asustaron al ver tantos botoncitos por todos lados. No hay que preocuparse, ya que están simplemente para facilitarnos la vida.

¿Recuerdan aquella ley del mínimo esfuerzo? Veremos aquí como se desarrolla en su máximo esplendor.

Para guardar a un archivo, siempre íbamos al menú **Archivo - Guardar**. Bueno; en lugar de eso, lo que podemos hacer es cliquear en el botón que tiene el dibujito de un disquete (**Figura 22**); es exactamente lo mismo. Si nos demanda mucho esfuerzo el primer método, usamos el segundo; no hay diferencia.

Lo mismo podemos hacer para **Abrir**, sólo que hay que usar el botón de **al lado**.

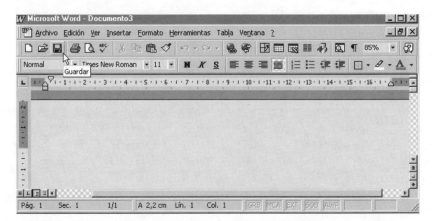

Figura 22. *Si nos acostumbramos a usar las Barras de herramientas, el trabajo con la computadora se hará mucho más rápido.*

Si queremos saber qué hace cada uno de los botones, basta con detener unos segundos la flechita del mouse sobre cualquiera de ellos; enseguida aparecerá una etiqueta indicando su función.

No es tan cierto que los que usan la computadora todo el día sean vagos; hay una poderosa razón para el uso de las barras de herramientas: **el tiempo**.

Cuando una persona pasa muchas horas trabajando frente a una PC, necesita perder el menor tiempo posible en las tareas triviales y así poder concentrarse más en lo que está haciendo.

Un dato: Las barras de herramientas son 100% configurables, lo que nos permite poner y sacar la que necesitemos, y también agregarles algunos botones que no aparecen de entrada y que pueden llegar a sernos de gran utilidad.

LA BARRA DE TAREAS

Windows tiene una característica muy particular, que es la de poder trabajar con varios programas en forma simultánea. Por ejemplo: estamos en el *Paint* haciendo un dibujo, y viene alguien apurado a pedirnos que le tipeemos una carta. **No tendremos necesidad de salir** de este programa para hacerla, sino que directamente podremos ingresar a *Word*, tipear la carta y regresar al *Paint* cuando queramos para continuar con nuestra obra maestra.

Esto, que ahora parece algo tan normal, no lo era en los tiempos del

D.O.S.: con ese sistema operativo no se podía trabajar con varios programas a la vez.

En Windows, cada programa al cual vayamos ingresando (cargando) aparecerá en forma de **botón** en la **Barra de tareas**. Para poder **pasar de uno a otro**, simplemente hay que **cliquear** sobre el que corresponda, sin necesidad de **minimizar** nada.

En la **Figura 23** vemos un ejemplo: en mi PC, yo estoy trabajando con cuatro programas distintos al mismo tiempo. El primero de ellos es el Word, donde estoy tipeando este capítulo. El segundo es el Explorador de Windows, que uso para hacer copias de seguridad a un disquete de los archivos que voy generando. El tercero es el Paint Shop Pro, un excelente programa para grabar las pantallitas que ustedes ven impresas como figuras. Y el último es el Paint, donde todavía tengo el círculo que dibujé para poner de ejemplo en la **Figura 18**.

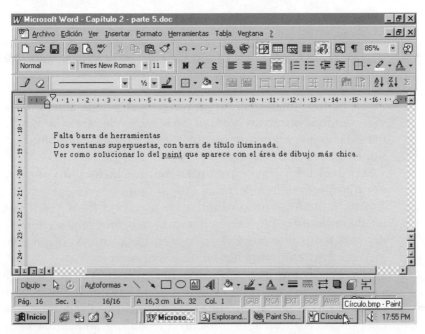

Figura 23. *El botón que está presionado (Word) es el programa que estoy usando en este preciso instante.*

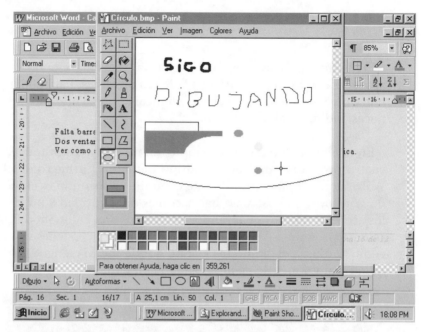

Figura 24. *Al hacer un clic pasé al Paint, donde puedo continuar haciendo lo que quiera tranquilamente.*

Casi no hay límite para cargar programas, ya que a medida que vamos ingresando a otros, los botones de la barra de tareas se van achicando para dar lugar a los nuevos programas cargados (en síntesis: la barra nunca se queda sin espacio).

El primer límite está en el orden, porque les aseguro que es un lío tener diez programas abiertos al mismo tiempo.

Otro límite lo pone la cantidad de memoria *RAM* que tengamos instalada en nuestra PC, ya que mientras más programas estemos utilizando, más lento se volverá el trabajo en cada uno. Si disponemos de 64 MB, no tendremos muchos conflictos al respecto.

Algo importante que debemos tener en cuenta es que si un programa **ya está cargado** y queremos volver a él, **no hay que ingresar de nuevo** haciendo todo el recorrido por el **Menú Inicio — Programas —** etc., porque de esta manera abriremos un nuevo programa, **además** del que ya tenemos cargado.

Sí, así como lo leyeron. Windows puede trabajar con varios programas abiertos al mismo tiempo, pero también con el **mismo** programa cargado **varias veces**.

O sea que podemos estar haciendo **dos dibujos** en **dos Paint distintos** al **mismo tiempo**. Cada uno será totalmente independiente del otro. Si no, miren la **Figura 25**.

Figura 25. *No es común trabajar así. Generalmente se entra dos veces al mismo programa por error al no advertir que ya estaba cargado en la Barra de Tareas.*

Cómo mover y cambiar el tamaño

La **Barra de tareas** puede cambiarse de **lugar** y **tamaño**. Por ejemplo, podríamos colocarla sobre el costado derecho, o en la parte superior de la pantalla.

El objetivo de esta explicación es que nadie se quede frenado cuando se encuentre con una computadora algo "distinta" a la que estamos acostumbrados a manejar.

Para mover la barra, simplemente tenemos que tomarla del área gris que queda entre el último programa cargado y el relojito que da la hora (**Figura 26**). Si tenemos muchos programas abiertos, el lugar de donde la tendremos que agarrar será bastante chico, pero siempre estará.

Una vez que **la tomemos** (manteniendo el botón izquierdo presionado), habrá que llevarla con un movimiento **amplio** hacia alguno de los costados (o hacia arriba), donde quedará como en la **Figura 27**.

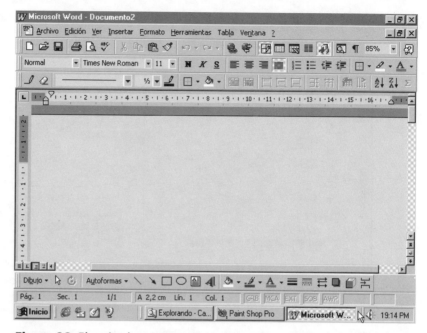

Figura 26. *El mejor lugar para tomar la barra es donde vemos la flechita del mouse*

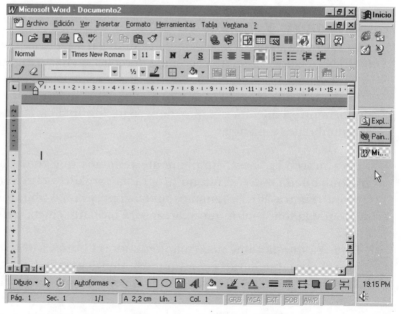

Figura 27. *Es lo mismo trabajar con la barra al costado, aunque lo tradicional es tenerla en la parte inferior del Escritorio.*

También podríamos achicar la barra hasta dejarla como una línea, o agrandarla para ver mejor los programas que tenemos cargados. Todo esto lo hacemos llevando el mouse al extremo superior, donde aparecerá la famosa flechita de punta doble que nos permitirá cambiar el tamaño (**figura 28**).

Figura 28. *Si un día no encontramos la barra por ningún lado, puede ser que la hayamos achicado del todo sin querer.*

Cómo configurarla

Se puede cambiar la configuración de la **Barra de tareas** para que **desaparezca automáticamente** cuando no la estemos utilizando, o para que no se vea cuando una ventana está **maximizada**.

Todo tiene su explicación; para esto también existe una. Los diseñadores gráficos, por ejemplo, usan programas que tienen muchas ventanitas abiertas (con los distintos pinceles, colores, etc.), por lo tanto necesitan aprovechar al máximo la pantalla; mientras tengan menos cosas que "molesten", mejor, y entonces hacen desaparecer la barra en cuanto pueden.

Para configurarla, tenemos que entrar en el menú **Inicio — Configuración — Barra de tareas y Menú inicio** (**Figura 29**), donde aparecerá una pantalla como la de la **Figura 30**. Ahora expliquemos en forma detallada alguna de las opciones.

◆ **Siempre visible:** si esta opción no está marcada, la barra no aparece cuando una ventana está maximizada. Para poder verla hay que minimizar todas las ventanas que estemos usando.

◆ **Ocultar automáticamente:** la barra desaparecerá sola cuando estemos usando un programa, y volverá a aparecer automáticamente cuando llevemos el mouse hacia la posición donde debería estar la barra (abajo, por ejemplo).

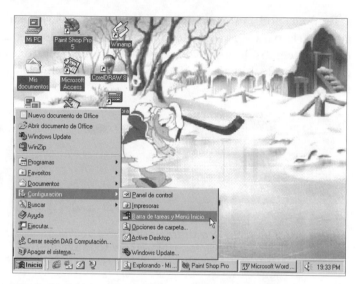

Figura 29. *Es fácil el camino que hay que recorrer: queremos dar* **Inicio** *a la* **Configuración** *de la* **Barra de tareas.**

♦ **Mostrar íconos pequeños en el menú Inicio:** reduce el tamaño de los íconos que aparecen cuando desplegamos el menú **Inicio**; es para que entren todos, en el caso de que sean muchos.

♦ **Mostrar Reloj:** Hace aparecer o desaparecer la hora en el costado derecho de la barra.

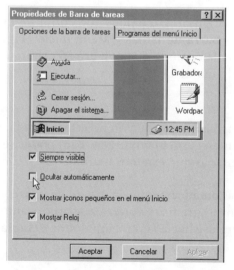

Figura 30. *Para elegir una opción sólo tenemos que cliquear en el cuadradito que corresponda.*

Si trabajamos con la opción **Ocultar automáticamente** y alguien está mirando nuestro monitor, no se enteraría con qué otros programas estamos trabajando además del que tenemos en pantalla. Podríamos tranquilamente tener cargado un juego.

Muchos lo hacen en sus lugares de trabajo. Cuando viene el jefe, ponen el Word adelante, y cuando se va, vuelven a su partida de cartas con el Solitario. Aunque yo les recomendaría que no lo hagan si quieren mantener el puesto.

RESUMEN

Para guardar a un archivo en un disquete, le ponemos el nombre, desplegamos el menú del sector **Guardar en** y seleccionamos la unidad de 3 $^{1}/_{2}$.

No es lo mismo elegir **Guardar** que **Guardar como...** Cuando entramos por primera vez al menú **Guardar**, en realidad lo hacemos en el segundo menú, que es donde especificamos un nombre y una ubicación para el archivo. Pero eso sólo ocurre la primera vez, no después, porque entonces el programa ya conoce el nombre y la ubicación del archivo.

Para poder cambiar el tamaño de una ventana hay que **restaurarla**. Si queremos que ocupe toda la pantalla, debemos **maximizarla**.

La Barra de título de una ventana siempre nos indica en qué programa u opción estamos. Las Barras de **Herramientas** presentan botones para acceder más fácilmente a las distintas opciones que también están en los menúes.

En la **Barra de tareas** aparecen todos los programas que estamos utilizando al mismo tiempo (que tenemos cargados). Para pasar de uno a otro, simplemente cliqueamos sobre el botón correspondiente en la barra.

Ésta se puede cambiar de lugar, de tamaño y hasta configurar para que aparezca y desaparezca automáticamente cuando no estamos usándola. Esto último se hace desde el menú **Inicio — Configuración — Barra de tareas y Menú Inicio**.

EJERCICIOS

Verdadero o Falso

1. Entrar por segunda vez al menú **Archivo — Guardar como** se utiliza generalmente para guardar mismo archivo en otra unidad (copiarlo).

2. Las barras de desplazamiento aparecen y se usan **siempre** en cualquier ventana, independientemente de lo que estemos viendo.

3. En Windows ´98 se puede trabajar solamente con un programa al mismo tiempo. No hay forma de tener tres cargados.

4. Para cambiar el tamaño de una ventana hay que llevar el puntero del mouse a la barra de título.

Completar los espacios en blanco

1. El botón para achicar al mínimo la ventana sin salir del programa es el de _____

2. Cuando una ventana está maximizada, en vez de este botón aparece el de _____

3. Para que la **Barra de tareas** aparezca siempre, aunque esté maximizada una ventana, desde **Configuración** hay que marcar la opción _____ _____

Respuestas de *Verdadero o Falso*

1. Verdadero. Aunque no es el mejor método, muchos lo utilizan.

2. Falso. Sólo aparecen o están habilitadas cuando el contenido de la ventana excede su tamaño, de lo contrario no lo hacen.

3. Falso. La imposibilidad de trabajar con varios programas al mismo tiempo era sólo en DOS. A partir de Windows 3.1 ya se pueden realizar multitareas (tener varios programas cargados).

4. Falso. Eso es para mover; para cambiar el tamaño hay que colocarlo sobre un extremo de la ventana, ya sea superior, izquierdo, inferior, o derecho.

Respuestas de *Completar*

1. Minimizar

2. Restaurar

3. Siempre Visible

Intensificando la práctica **2**

ADMINISTRACIÓN DE ARCHIVOS

Tiempo estimado de lectura y práctica:
2 horas y 45 minutos

Lección

3

Administración de archivos

Éste es el momento fundamental de nuestro aprendizaje. Lo que hagamos aquí servirá para manejar toda la información que generemos con los distintos programas.

Administración de archivos

EL EXPLORADOR DE WINDOWS

Cuando hablamos del sistema operativo, dijimos que tiene dos funciones principales: una era la de ser el *intérprete* entre la computadora y el usuario, y la otra, la de ser el *administrador* de toda la información que generamos (los archivos).

Esta última función la cumple un programa: el **Explorador de Windows.** Con él visualizaremos la estructura entera de nuestra PC (unidades de almacenamiento), para así poder llevar a cabo las distintas tareas de administración que requiere diariamente una computadora.

Desde aquí podremos copiar, borrar, cambiar el nombre a los archivos, crear carpetas, etc., de una manera mucho más sencilla que como se hacía con *D.O.S.* Aunque también se pueden llevar a cabo algunas de esas tareas desde **otros lugares,** lo ideal es que centralicemos este tipo de trabajo en el Explorador.

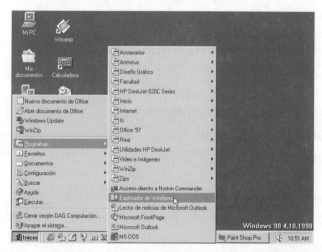

Figura 1. *El ícono del Explorador lo veremos apenas entremos en **Programas**.*

Atención, que no es lo mismo el **Explorador de Windows** que el explorador **Internet Explorer**. Son dos cosas diferentes. El primero es para los archivos, y el segundo para manejarse en Internet.

99

Para ingresar tenemos que ir a **Inicio — Programas — Explorador de Windows** (**Figura 1**). Una vez adentro, encontramos una ventana similar a la de la **Guía visual 1.** A continuación describiremos los sectores que la componen, uno por uno:

Guía visual - 1 -

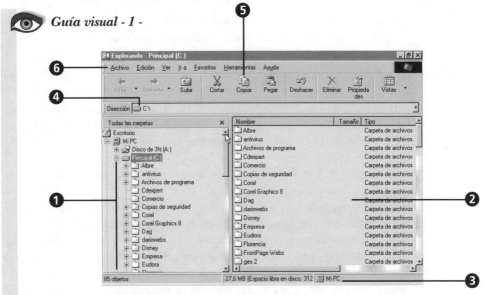

Guía visual 1. *Para ver la unidad de 3 ¹/₂ tendremos que usar la barra de desplazamiento y movernos hacia arriba.*

❶ **Sector izquierdo:** aquí aparecen todas las **unidades** que tenemos en nuestra PC y las **carpetas** que **contiene** cada una.

❷ **Sector derecho:** en este lugar aparece todo el **contenido** (archivos y demás subcarpetas) de la unidad o carpeta del lugar donde nos hayamos detenido en el **sector izquierdo**.

❸ **Barra de estado:** Indica cuánto espacio suman los archivos que tengamos seleccionados. Además muestra el espacio que queda libre en el disco (en MB o KB).

❹ **Barra de dirección:** Indica claramente en qué unidad o carpeta estamos trabajando. Hay que prestarle mucha atención, porque más de una vez nos va a orientar.

❺ **Barra de herramientas:** Sus botones nos facilitan las tareas más comunes.

❻ **Barra de menú:** Las opciones que no aparezcan como un botón en la Barra de herramientas, tendremos que buscarlas dentro del menú que corresponda.

Ni bien ingresamos, en el **sector izquierdo** del **Explorador** siempre veremos la unidad **C** con el listado de todas las carpetas que contiene (expandida). Esto es así porque C generalmente es la unidad que **más se utiliza**. Si queremos ver otra cosa, simplemente tenemos que marcarla.

Por ejemplo, si vamos hacia arriba con la barra de desplazamiento, notaremos que todo comienza en el **Escritorio**. Al cliquear en él, en el sector derecho aparecen todos los **íconos** que **contiene (Figura 2)**. Desde allí podríamos borrarlos, agregar uno, copiar, etc.

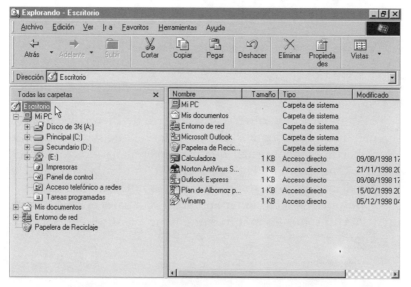

Figura 2. *Al principio nos confundiremos un poco, pero es sólo hasta que nos vayamos acostumbrando.*

Debajo de Escritorio está **Mi PC**; de allí se desprenderán todas las unidades de almacenamiento que tengamos instaladas en nuestra computadora.

Se distingue como **Mi PC** porque **nuestra** computadora puede **no ser la única** con la que estemos trabajando. ¿Cómo es esto? Si estamos conectados a una **red** (varias computadoras interconectadas entre sí por intermedio de un cable) podremos ver las **unidades** de almacenamiento de **otras** PCs que estén en la red como nosotros.

Así, por ejemplo, si necesitamos copiar unos archivos que están en un CD y en nuestra máquina no tenemos instalada una **lectora**, pero la PC de **Juan** que está en red con la nuestra sí tiene una, lo único que tendremos que hacer es pedirle a Juan que nos deje insertar el CD en la lectora de su máquina para así poder usarlo **desde** nuestra computadora.

Cuando trabajamos en red, vemos las otras máquinas conectadas en el sector **Entorno de red**, que si miramos bien, se desprende del **Escritorio**.

Administración de archivos   3

Luego vienen las **Impresoras**, el **Panel de control**, el **Acceso telefónico a redes** y las **Tareas programadas**. Más adelante, en el capítulo *"Configuración de Windows"*, veremos algunos de estos temas con más detalle.

Por último, tenemos **Mis documentos**. A esta carpeta, que se crea automáticamente cuando se instala Windows, es donde "van a parar" en principio todos los archivos a los cuales no les especifiquemos una ubicación determinada.

A **Mis documentos** le sigue **Entorno de red** (del que ya hablamos) y **Papelera de Reciclaje**, donde se ubican temporalmente todos los archivos que fueron borrados.

Varias formas de visualizar los archivos

Hagamos lo siguiente: introduzcamos el disquete que usamos antes para practicar y luego, en el lado izquierdo del Explorador, seleccionemos la unidad A:

Antes de seguir, observemos la barra de **Dirección**: allí aparece la unidad que seleccionamos. Es fundamental que siempre nos fijemos en esta barra para confirmar que estamos trabajando con la unidad correcta. Como habrá muchos casos que se presten a confusión, la única forma de asegurarnos dónde estamos es mirar en **Dirección**.

Después de seleccionar la unidad A:, aparecerá del lado derecho una lista con todos los archivos que tiene ese disquete. Será como la de la **Figura 3**.

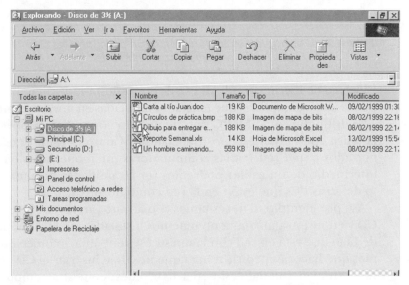

Figura 3. *Algunos nombres y tipos aparecen con puntos suspensivos porque no entran en la columna. Se puede cambiar el ancho para que entre todo.*

Puede ser que lo que vean ustedes en sus casas no se parezca mucho a la **Figura 3**. Eso se debe a que no hay una única forma de **visualizar los archivos** en el sector derecho. Básicamente existen cuatro tipos de vistas: **Íconos grandes, Íconos pequeños, Lista y Detalles.**

Para pasar de una a otra, tendremos que ingresar al menú **Ver** y allí seleccionar la que deseemos (**Figura 4**).

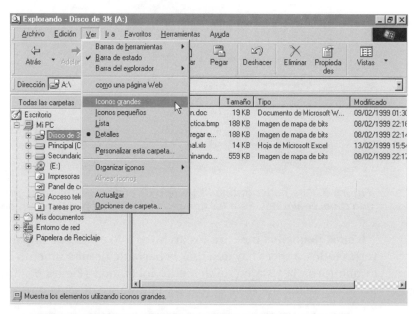

Figura 4. *La que está marcada con un circulito es la que estamos usando actualmente.*

Seleccionaremos **Íconos grandes**. Esta vista muestra solamente el **nombre** del **archivo** y ningún dato más **(Figura 5)**. El ícono que representa el programa al que pertenece (o sea, con el cual fue creado) aparece bien grande. Hay gente que los distingue simplemente por este dibujito y no se fija en el tipo; tampoco le interesa qué tamaño ocupa, ni la fecha de la última modificación. Los de Word tienen una *W* grande en la esquina superior izquierda.

Si tuviera que dar mi opinión personal sobre esta vista y las dos siguientes, diría que no son "lo mejor" para trabajar. Yo prefiero usar siempre **Detalles**, que es mucho más completa y me permite ordenar los archivos en base a lo que yo quiera. Pero sobre gustos...

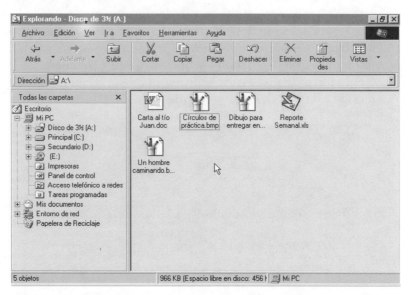

Figura 5. *Para poder distinguir un tipo de archivo por el ícono, primero hay que conocer algunos. Para los que recién empiezan puede ser un poco difícil.*

Íconos pequeños muestra los archivos a lo ancho de la pantalla; para verlos todos, a veces hay que usar la barra de desplazamiento horizontal, lo que torna la vista increíblemente incómoda (**Figura 6**). Tal como la primera, solamente se ve el ícono y el nombre de cada uno.

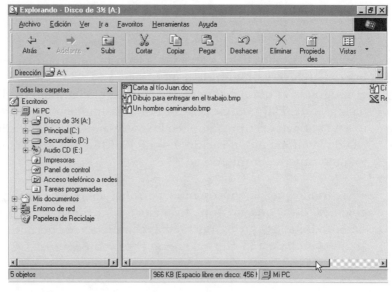

Figura 6. *Hay que leer los nombres de izquierda a derecha. Una vez que se llega al extremo, seguir hacia abajo.*

Lista es parecida a **Íconos pequeños**, sólo que en lugar de mostrarlos en forma horizontal, los archivos están en columnas. Cuando se termina la primera, hay que pasar a la siguiente, y así sucesivamente (**Figura 7**).

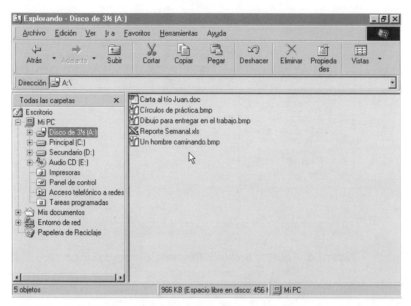

Figura 7. *Aunque es un poco mejor que **Íconos pequeños**, siguen faltando datos importantes. En nuestro caso, si hubiera más archivos aparecerían encolumnados*

Detalles es la mejor forma de visualizar a los archivos **(Figura 8)**. Además del nombre, **muestra** el **tamaño** en KB, el **tipo** (descripción de la extensión), la **fecha** de la última modificación y los **atributos** que tiene (que en realidad no se usan mucho). Lo bueno es que podemos ordenar los archivos por cualquiera de estos items, tanto en forma ascendente como descendente.

Para ordenar, simplemente cliqueamos en el **título de la columna** elegida. Si volvemos a cliquear en el mismo lugar, el orden será **descendente** (de la Z a la A/de mayor a menor/del más viejo al más nuevo).

Resulta práctico ordenar por **tipo** cuando buscamos un archivo cuyo nombre no recordamos, pero sabemos que lo hicimos en Word. Como los que fueron generados con el mismo programa están **agrupados**, resultará más fácil distinguirlo, pues no lo tendremos mezclado con otros que no tienen nada que ver.

Administración de archivos 3

105

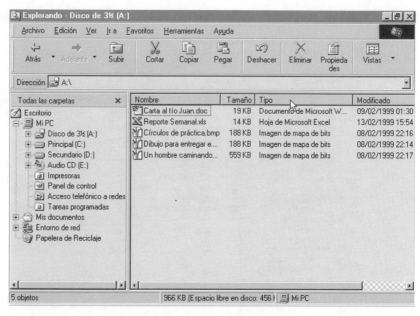

Figura 8. *Aquí los archivos fueron ordenados por tipo (de la A a la Z).*

Si ignoramos con qué programa creamos un informe y también qué nombre le pusimos, pero sabemos que lo hicimos la semana anterior, nos conviene ordenar la lista de archivos por **fecha**, que nos facilitará bastante la búsqueda.

Es muy común que los nombres de los archivos no aparezcan completos (lo notaremos por los puntos suspensivos). Para solucionarlo, podemos **aumentar el ancho de la columna** y así lograr que el nombre se vea entero.

Cualquier columna se puede agrandar o achicar, simplemente tenemos que llevar el mouse a la **división** que hay entre una y otra **(Figura 9)**. Allí aparecerá una flecha de punta doble; en ese momento mantenemos presionado el botón izquierdo del mouse y **arrastramos** hacia la derecha (para agrandar) o hacia la izquierda (para achicar), según qué nos interese ver mejor (el nombre, el tipo, la fecha, etc.).

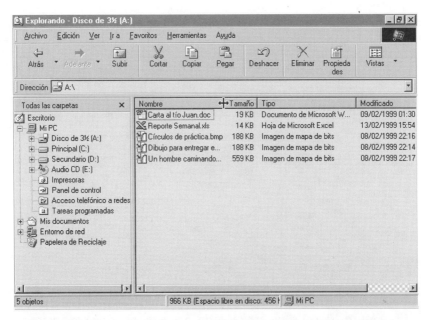

Figura 9. *Los nombres de los dos últimos archivos están incompletos*

Siempre habrá que **prestar atención** a las barras de desplazamiento que aparecen tanto en forma horizontal como vertical. Si no encontramos un archivo y hay una barra presente, es porque no estamos viendo la lista entera, por lo tanto tendremos que buscar también más abajo o hacia el costado.

Además, para mayor comodidad, también se puede llegar a cambiar el **ancho** que tiene el **sector izquierdo**. Lo haremos en forma similar al tamaño de la columna, pero esta vez ubicaremos el mouse justo en la **división entre los dos sectores**, como en la **Figura 10**.

Existe otra forma de visualización que se aplica junto con las cuatro que hemos visto hasta ahora: **como una página Web.** Al trabajar con esta opción seleccionada, en cualquier vista se agrega a la izquierda el nombre de la unidad o carpeta en la que estamos **(Figura 11)**. Es "linda" y presenta **información** sobre el archivo donde estemos posicionados, pero la verdad es que ocupa demasiado espacio en la pantalla.

Administración de archivos 3

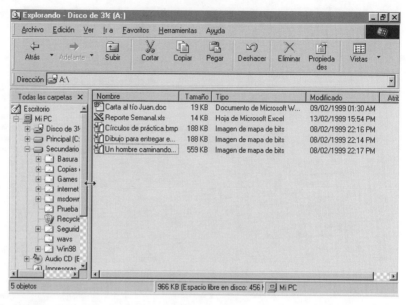

Figura 10. *Podemos achicar todo lo que deseamos, pero agrandar solamente hasta cierto límite.*

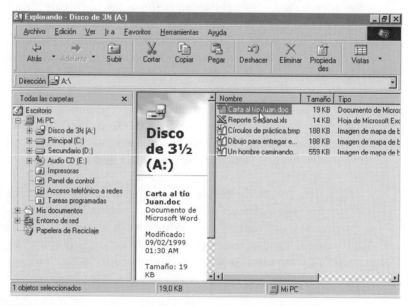

Figura 11. *Si fuese un archivo de imagen (Paint) veríamos una muestra pequeña (vista previa) en la parte inferior de este sector.*

Todo lo que hicimos entrando en el menú **Ver**, lo podemos hacer mucho más rápido con el botón **Vistas** de la **Barra de herramientas**.

Si presionamos la **flechita que apunta hacia abajo** (**Figura 12**), obtendremos un listado con las cuatro formas de visualizar archivos, más la de página Web. Pero lo mejor es no tocar allí, sino cliquear **directamente** sobre **el botón**; cada vez que lo hagamos pasaremos a la vista que le sigue a la actual.

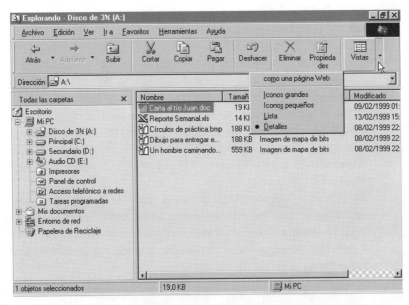

Figura 12. *Es exactamente lo mismo que hacerlo desde la* ***Barra de Herramientas****, y mucho más rápido.*

LAS CARPETAS

La mayoría de nuestros trabajos quedan almacenados en el interior de carpetas. Debemos prestarle mucha atención a este tema; si lo pasamos por alto, siempre dudaremos al tratar de ubicar a un archivo guardado, y además tendríamos seguramente una desorganización total de nuestra información.

¿Qué son y para qué sirven?

Si todos los archivos que hay en nuestro disco rígido estuvieran **mezclados**, el día que necesitáramos abrir una carta, por ejemplo, tardaríamos horas en encontrarla, con el riesgo de fracasar en el intento.

Ésa es precisamente la forma de trabajar de una persona desordenada: deja todas sus cartas, faxes, memorándums, presupuestos, etc. tirados sobre su escritorio. Cada vez que necesita encontrar algo, tiene que revolver todo.

Ahora bien: para entender el concepto de carpeta, supongamos que esta persona desordenada tiene ciertos conocimientos de carpintería y decide, para facilitarse las cosas, agregar **cajones** a su escritorio, y a cada uno de ellos les pone una etiqueta con el **nombre** de lo que contienen (cartas, presupuestos, faxes, etc.).

El día que **busque** un presupuesto, no tendrá que revolver una pila de papeles; simplemente tendrá que ir al **cajón** de presupuestos, donde seguramente lo encontrará.

Y si además son varias las empresas con las cuales trabaja, podría agregar **subcajones** con el nombre de cada una de esas empresas para evitar que se mezclen. También podría crear otros sub-cajones para dividirlos por mes y así sucesivamente (no existe un límite; el límite lo pone la persona que los crea, según el orden que quiera darle a su información).

Esos cajones y sub cajones son las *CARPETAS*; en D.O.S. se los conocía como *subdirectorios*.

En nuestra computadora vamos a encontrar carpetas ya creadas automáticamente por los diferentes programas (al momento de instalarse), y las que creamos nosotros mismos para organizar los datos.

Las identificaremos por el **dibujito amarillo** que tienen a la izquierda, semejante (casualmente) a una carpeta.

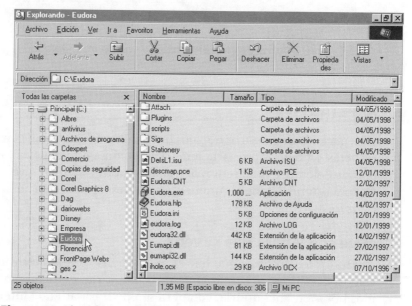

Figura 13. *El símbolo + (más) a la izquierda de algunas carpetas indica que contienen aún más carpetas en su interior.*

Dijimos entonces que el único objetivo de las **carpetas** es el de **organizar** los **archivos** que están en la computadora.

Se puede colocar un archivo dentro de una carpeta en el momento de **guardarlo**, o bien se lo puede **mover** en el interior de la carpeta **después** de ser creado.

Tiene que quedar claro que, además de **archivos,** una **carpeta** puede contener **más carpetas aún**, a su vez con más archivos y carpetas. No hay límites.

Otro ejemplo:

Hagamos de cuenta de que **no tenemos ninguna carpeta** en nuestra computadora, y un día copiamos un jueguito de **fútbol** en el disco rígido. Este juego, como todos los programas, está compuesto por varios archivos (podrían superar los 200). En nuestro caso son tres:

Jugador.bmp
Hinchada.wav
Red.jpg

Con el tiempo, decidimos copiar otro juego: uno de **tenis**, compuesto por cuatro archivos:

Pelota.bmp
Cancha.dwg
Raqueta.cdr
Torneo.dat

Los siete quedan juntos en el disco rígido (ya que no poseíamos ninguna clase de carpetas donde incluirlos). Un día nos cansamos del juego de **fútbol** y decidimos **borrarlo** para que no ocupe más espacio. Cuando listemos los archivos que tenemos en el disco veremos lo siguiente:

Cancha.dwg
Hinchada.wav
Jugador.bmp
Pelota.bmp
Raqueta.cdr
Red.jpg
Torneo.dat

Administración de archivos   3

Como podemos apreciar, al ordenarse alfabéticamente, aparecen todos mezclados. Como no sabemos cuál es cuál, optamos por borrar los siguientes archivos: *Pelota.bmp* — Hinchada.wav — *Cancha.dwg* (que, a nuestro parecer, son los de este juego).

El trágico resultado es que borramos **algunos** archivos del juego de **tenis**, y **uno** del juego de **fútbol**, por lo tanto nos quedamos **sin ninguno de los dos**, ya que un programa debe tener **todos** los archivos que lo componen para funcionar correctamente.

Vamos a hacernos la siguiente pregunta:
¿No hubiese sido mejor tener los archivos del juego de tenis dentro de una **carpeta**, y los de fútbol en **otra**?
Así, para eliminar el juego de fútbol sólo hubiéramos borrado **la carpeta respectiva**, pues al hacerlo desaparece también **todo su contenido**; de esta manera nos ahorramos confusiones que en algunos casos pueden costarnos muy caro.

¿Cómo visualizamos el contenido de una carpeta?

Tenemos dos formas de hacerlo: nos **detenemos** en el **sector izquierdo** sobre la carpeta cuyo contenido queremos ver, o ingresamos en su interior **doblecliqueando** en su nombre cuando aparece en el **sector derecho**.
Cualquiera de los dos métodos es igual: lo importante es estar **"dentro"** de una carpeta para ver lo que realmente tiene.

Aclarando términos

Tengamos en cuenta que **doblecliquear** (o hacer un doble clic) significa hacer dos clics **rápidos y seguidos**. No hay que hacer fuerza, sino velocidad (bueno, tampoco tanta). Lo importante es tratar de **no mover** el mouse mientras los hacemos.

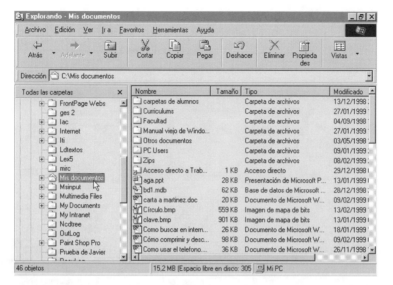

Figura 14. *Al cliquear una carpeta en el sector izquierdo, veremos inmediatamente su contenido en el derecho. Primero aparecerán las subcarpetas que hay en ella ordenadas alfabéticamente y luego los archivos.*

Observemos la **Figura 14**: estamos parados en la carpeta **Mis Documentos**. Si quisiéramos ver el contenido de la carpeta *Facultad* tendremos dos posibilidades para lograrlo: cliqueamos en el + de **Mis Documentos** para que se expanda la "rama" de carpetas y así poder pararnos sobre *Facultad* del lado **izquierdo**, como en la **Figura 15**, o **doblecliqueamos** en el sector **derecho** sobre *Facultad* para ingresar en ella.

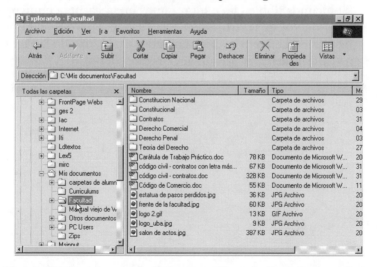

Figura 15. *En mi computadora, por cada materia creé una carpeta, y dejé más a mano los archivos que no supe dónde incluir.*

Administración de archivos 3

En la barra de **Dirección** siempre tiene que figurar el nombre de la carpeta en la cual trabajamos, porque si dice otra cosa, es que **no entramos** en ella, tal como vemos en la **Figura 16**.

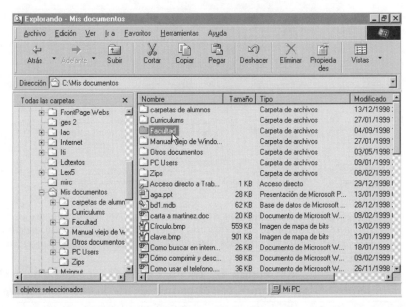

Figura 16. *Aquí todavía no entramos a "Facultad". Si nos fijamos arriba, en* **Dirección**, *solo dice* **Mis Documentos**. *Si quisiéramos entrar, deberíamos doblecliquear en ella.*

Si hicimos doble clic e ingresamos en la carpeta **equivocada**, hay una forma de volver (retroceder) a la carpeta anterior: con el botón **Subir** que está en la **Barra de herramientas**. En el caso de la **Figura 17** estamos en *Constitucional*; al presionarlo, retrocederemos a *Facultad*.

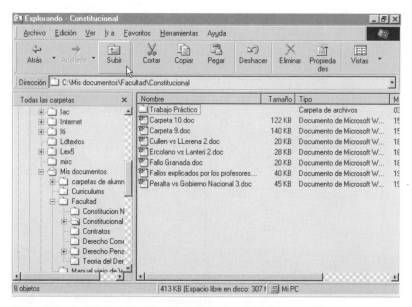

Figura 17. *Cada vez que cliqueemos en este botón, iremos retrocediendo una carpeta hacia atrás.*

¿Cómo se crea una carpeta?

Los archivos que **no** se colocan en **ninguna carpeta** se dice que están ubicados en la *raíz* del disco.

> **La raíz se representa gráficamente por una barra invertida: **
>
> Cuando trabajamos con la carpeta *Facultad,* que se desprende de **Mis Documentos**, que a su vez se desprende de la *raíz* del disco, en la barra de dirección, se representa así: **C:\Mis Documentos\Facultad**.
> La **primera** barra representa a la raíz; las **siguientes** se utilizan para **separar** los nombres de cada una de las carpetas.
> Cuando trabajemos con la raíz de la unidad A:, lo único que veremos en dirección será: **A:**

El **procedimiento** para crear carpetas es bastante sencillo. El único problema que tal vez podamos tener al crear una, será **no pararnos** en el lugar correcto.

Para entenderlo mejor, supongamos que debemos crear un grupo de carpetas como las del ejemplo de la **Figura 18**. Son bastantes, así que veamos cómo hay que leerlas.

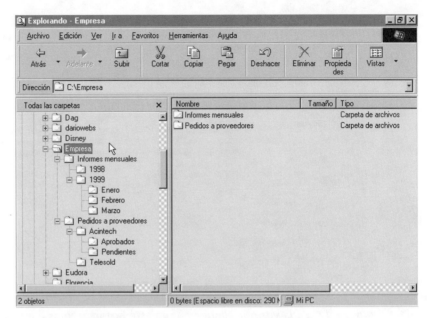

Figura 18. Hay que fijarse atentamente en las líneas para saber
de dónde se desprende cada una.

En este caso, somos empleados de una **empresa**. Decidimos organizar los archivos de *Pedidos a proveedores* que hacemos diariamente con Word, y además queremos que los *Informes mensuales* no se mezclen con otras cosas. Si miramos bien, estas dos son las únicas sub-carpetas que se desprenden de *Empresa*.

Luego, dividimos en dos a los proveedores: *Acintech* y *Telesold*.

Debido a las normas internas de la empresa, los pedidos que hacemos a *Acintech* deben estar autorizados por el gerente. Por ese motivo creamos aquí dentro dos carpetas más: *Aprobados y Pendientes*.

A los *Informes mensuales* decidimos dividirlos por **años**, por eso es que tenemos *1998 y 1999*, para no tener todo 1999 mezclado lo dividimos en meses: *Enero, Febrero y Marzo*.

Siempre hay que crear a las carpetas en **orden**, **y no** específicamente en el alfabético.

Todo esto es como un árbol: primero surge la raíz, luego el tronco, las ramas, etc.; no nace desde la punta de una ramita. Lo mismo sucede con las carpetas: no podemos crear primero *Acintech* y luego *Empresa*, ya que la primera se "desprende" de esta última. Tampoco podremos crear *Enero o Febrero* si antes no hicimos *1999*.

Sabiendo cuáles son las reglas que tenemos que observar, la primera carpeta que haremos será *Empresa*. Luego podremos seguir por *Pedidos a proveedores* y **continuar** creando las carpetas de esta rama hasta el **final**, para luego comenzar con *Informes mensuales.*

O si no, en lugar de esto último, una vez hecha *Pedidos a proveedores* podremos optar por crear *Informes mensuales* sin continuar con lo que iba a contener la primera (Acintech, Telesold, etc.)

Mientras respetemos el orden y no salteemos ninguna, no hay problema; pero siempre recordemos que **no se puede crear una nueva carpeta si no existe previamente aquella de la que se va a desprender.**

Una aclaración importante

No hay que confundirse con la denominación **"Carpetas"** y **"SubCarpetas"**. En principio **todas** son carpetas.

Lo que pasa que cuando una está **dentro** de otra, se la suele llamar Sub-carpeta. Pero no hay que complicarse; si resulta difícil, simplemente podemos llamar a todas **Carpetas**.

Para dominar este tema, practiquemos usando el disquete de $3\,^1/_2$. En él crearemos las mismas carpetas que vimos en la **Figura 18**.

Para empezar, primero habrá que posicionarse en la raíz del disco (**Figura 19**), cosa que hacemos cuando seleccionamos en el lado izquierdo la **unidad A:**.

Una vez allí, iremos al menú **Archivo — Nuevo — Carpeta**, tal como se ve en la **Figura 20**. Apenas hayamos terminado, aparecerá en el sector derecho una carpeta llamada *"Nueva carpeta"*, con el cursor titilando a un costado (**Figura 21**). Aquí escribimos **directamente** la palabra **Empresa** (que es como la vamos a llamar); al terminar presionamos la tecla **Enter**.

Administración de archivos 3

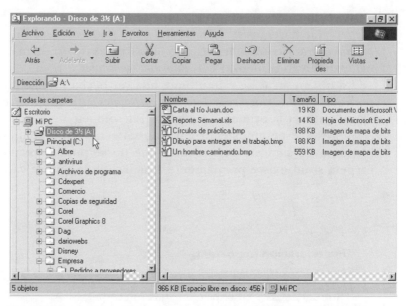

Figura 19. *Cuando seleccionamos el nombre de una unidad en el sector izquierdo, lo que hacemos es trabajar con la raíz de ese disco.*

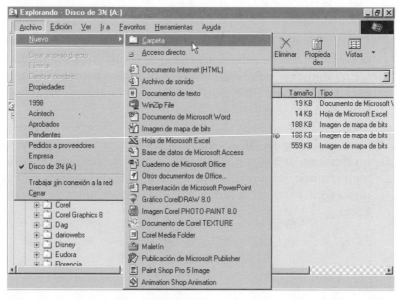

Figura 20. *Es difícil pasar a la derecha sobre la palabra **Nuevo**; generalmente terminamos yendo a otra opción. Hay que practicar bastante, no queda otra.*

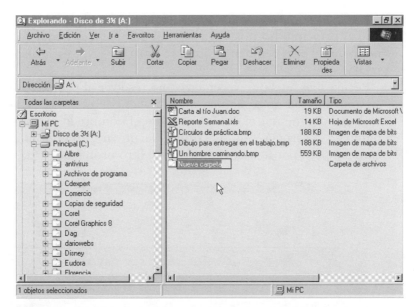

Figura 21. *Cuando aparece* **Nueva carpeta** *siempre debemos escribir el nombre de la que queramos crear. No hay que olvidarse de apretar* **Enter** *al finalizar.*

Bien: hemos creado la primera carpeta. Ahora nos fijamos que en el sector izquierdo, al lado de disco de 3 $^1/_2$, aparece un **+**. Este símbolo indica que de la raíz se desprende una carpeta.

Para crear *Pedidos a proveedores* tenemos dos posibilidades:

1. Cliquear en el más (**+**) del sector izquierdo. Una vez que veamos *Empresa* cliqueamos en ella (**Figura 22**), y vamos al menú **Archivo — Nuevo — Carpeta**. Cuando aparezca **Nueva Carpeta** en el lado derecho, escribimos directamente *Pedidos a proveedores,* o...

2. Ingresamos en *Empresa* haciendo **doble clic** sobre ella en el **sector derecho**. Una vez **adentro**, y al igual que en el primer método, vamos a **Archivo — Nuevo — Carpeta**; cuando aparezca **Nueva Carpeta**, escribimos *Pedidos a proveedores.*

Cualquiera de estos dos métodos (sobre la izquierda o la derecha) es igual; hay que elegir el que nos quede más cómodo. El segundo sería bastante recomendable para practicar el doble clic.

Lo importante es asegurarse de que el nombre de la carpeta donde supuestamente entramos figure en la barra de **Dirección**. Si no es así, algo salió mal.

Hay que tener **cuidado** con el segundo método: lo más probable es que al principio no nos salga bien el doble clic, y como consecuencia nos habilite para **cambiar el nombre** (aparece el cursor titilando a su derecha).

Recién más adelante veremos como resolver al problema. Por eso, si algunos todavía no se sienten muy hábiles con el mouse, conviene que en lugar de intentar el **doble clic** sobre el nombre lo hagan sobre el **dibujito** de la carpeta. Allí, si el doble clic no sale, no podrán entrar en la carpeta, pero por lo menos evitarán el otro problema.

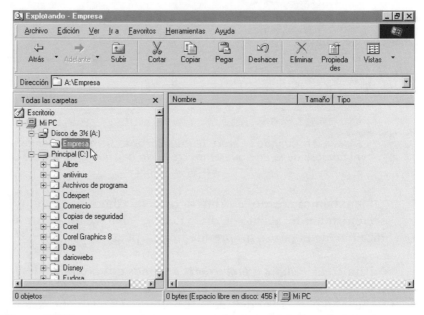

Figura 22. *Una vez que cliqueemos en el + (más) del disco de 3 ¹/₂, aparece un — (menos), indicando que ahora esa rama sólo puede contraerse.*

Ya existe *Pedidos a proveedores*. Debemos crear las otras dos que estarán en su interior: ***Acintech y Telesold***.

Para dar origen a ***Acintech,*** tenemos que trabajar dentro de *Pedidos a proveedores*; pero para crear ***Telesold, no entramos*** a *Acintech*, porque *Telesold* no se desprenderá de ésta, sino que provendrá de *Pedidos a proveedores*.

Por lo tanto, para crear *Telesold* debemos **seguir "parados"** en *Pedidos a proveedores* como en la **Figura 23**.

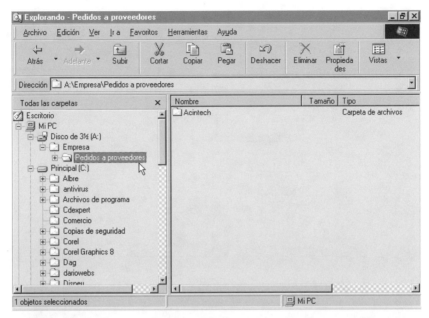

Figura 23. Para crear una carpeta dentro de "Pedidos a proveedores" podemos hacer un clic aquí, o en el sector derecho (en un lugar donde no haya nada).

Tengamos en cuenta que una vez creadas, las carpetas se ordenarán **alfabéticamente**. No importa si primero hicimos *Pedidos a proveedores* y luego *Informes mensuales*. Esta última aparecerá en primer lugar (su nombre empieza con "I" y el de la otra con "P").

Ahora simplemente habrá que repetir el procedimiento hasta crear todas las carpetas que vimos en la **Figura 18**. No olvidemos que para hacer *Informes mensuales* deberemos pararnos sobre *Empresa*.

Cuando trabajemos dentro de una carpeta, en el sector derecho no veremos **toda** la rama que se desprende de ésta, sino las que están inmediatamente dentro, sin que aparezcan las otras que le siguen (**Figura 24**).

En el lado **izquierdo**, en cambio, aunque **no hayamos expandido la rama** (tocar el +) para verlas a todas, por lo menos sabremos que *1999* tiene más carpetas adentro debido al símbolo lo indica, a diferencia de *1998*, que no tiene ninguno en el costado izquierdo del nombre.

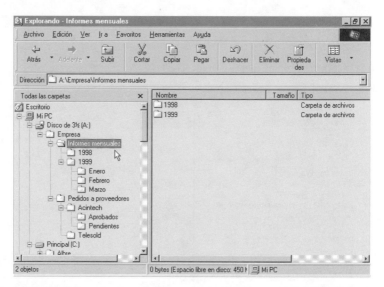

Figura 24. *Posicionados en "Informes mensuales", en el lado derecho vemos "1998" y "1999", pero no "Enero", "Febrero" y "Marzo", que están dentro de "1999".*

Habrán notado que siempre **repetimos** los mismos pasos (**Archivo — Nuevo — Carpeta**). Para crear una carpeta nueva, lo único que debimos tener en cuenta fue el lugar en el cual nos **posicionábamos** (aquél de donde se iba a desprender).

PROBLEMAS COMUNES AL CREAR CARPETAS

¿Qué sucede si el doble clic en el nombre de una carpeta sale mal?

La consecuencia será que nos habilitará a **cambiar el nombre** de esa carpeta (cuidado, con los archivos es lo mismo). Esto pasa por no haber hecho el doble clic en forma rápida y seguida, lo que termina siendo un solo clic, seguido de una pausa y de otro único clic.

Está diseñado así a propósito, aunque en el noventa por ciento de los casos lo que se quiere **no** es cambiar el nombre, sino **ingresar** a ella.

Veamos cómo cambiarlo, y en todo caso, cómo anular el procedimiento, si no era nuestra intención hacerlo.

Luego de haber hecho esto, el nombre de la carpeta seleccionada se **iluminará** y aparecerá el **cursor titilando** en el costado derecho del texto (ver **Figura 25**).

Allí, tendremos que **escribir el nuevo nombre**, y pulsar `Enter` para fijarlo.

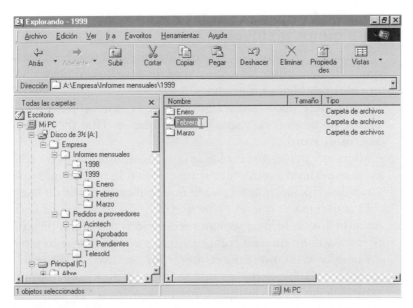

Figura 25. *Al escribir directamente el nuevo nombre, el anterior desaparecerá.*

Este método nos vendrá al pelo cuando estemos creando una nueva carpeta y **sin querer** hagamos **clic** con el mouse en cualquier **otro lugar** sin haber llegado a escribir el nombre correspondiente, lo que hará que la palabra *"Nueva Carpeta"* quede fijada como tal. En este caso aplicaremos el método que acabamos de aprender y así se podrán reemplazar esas dos palabras por el nombre correcto.

Si **no queríamos** cambiar ningún nombre, y pasó todo sin querer, simplemente presionamos la tecla **Esc** (Escape) que está en la esquina superior izquierda del **teclado**. Se anulará todo el procedimiento.

Presionar **Esc** es **mejor** que **cliquear** con el mouse en cualquier **otro lugar** (que también sirve), ya que si llegamos a cambiar el nombre (por haber tocado alguna tecla sin querer), volverá al que tenía previamente; en cambio, si cliqueamos en otro lugar, quedará el nuevo que pusimos accidentalmente.

Si decidimos usar este método para cambiarle el nombre a un archivo, no nos tendremos que olvidar de escribir nuevamente la extensión que tenía antes; de lo contrario no será reconocido por el programa que lo creó. Recordemos que la **extensión** tiene tres letras y se separa del nombre con un **punto**.

¿Por qué no aparecen las extensiones de algunos archivos?

Windows ´98 viene con una opción que está seleccionada de entrada, que es la de **ocultar** las extensiones de aquellos archivos que sean reconocidos por algún programa.

Esto quiere decir que si alguno tiene la extensión .DOC, ésta directamente no aparecerá, y sólo veremos que en **Tipo** dice "Documento de Microsoft Word".

Microsoft pensó que no hacía falta mostrar esas tres complicadas letritas si se podía visualizar algo que se entiende mucho más que es el **Tipo** (una descripción más ampliada que se toma a partir de la extensión).

El problema es que el *"Tipo de Archivo"* sólo se coloca correctamente en aquellos archivos que sean reconocidos por algún programa que esté instalado en nuestra computadora, y con el que se lo pueda abrir.

Cuando Windows no reconoce un archivo, el usuario tiene que arreglarse "adivinando" de qué se trata ese archivo y con qué programa podría llegar a abrirlo (que quizá ni siquiera tenga instalado).

A veces, por una cuestión de comodidad, deseamos hacer aparecer las **extensiones** de **todos** los archivos, estén **reconocidos o no**. Esto, en realidad, es para aquellos que están más acostumbrados a manejarse con la extensión que con el Tipo.

Ésa, por ejemplo, es la forma en la cual trabajo en mi computadora, y que ustedes no tendrían por qué imitar. Pero para aquellos que quieran, les voy a enseñar cómo hacerlo.

Primero, dentro del Explorador de Windows, tendrán que ingresar en el menú **Ver** y allí seleccionar **Opciones de Carpeta**. Aparecerá una ventana como la de la **Guía Visual 2,** donde tendrán que ir a la segunda ficha (**Ver**). Por último, en la lista de opciones disponibles habrá que desmarcar la que dice **Ocultar extensiones para tipos de archivos conocidos**.

Listo; de ahora en adelante siempre verán las extensiones junto al nombre de los archivos, independientemente de que también aparezca el tipo (mejor que sobre y no que falte).

Guía Visual - 2-

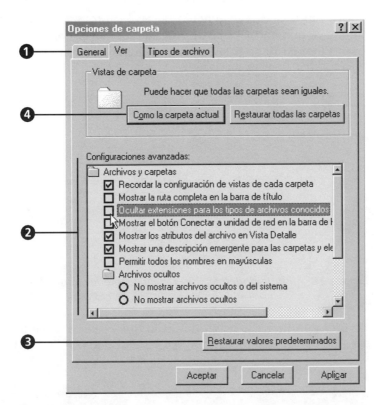

Guía visual 2. Con un clic en el cuadradito correspondiente se desmarca la opción, luego habrá que Aceptar los cambios.

1 Fichas: Se utilizan para presentar varios sectores con distintas opciones en una misma ventana. Haciendo un clic sobre su nombre se puede cambiar de una a otra.

2 Configuraciones avanzadas: son el listado de opciones a configurar.

3 Botón Restaurar: vuelve todas las opciones a como están puestas originalmente cuando se instala Windows.

4 Como la carpeta actual: coloca la misma vista con la que estemos trabajando en ese momento (iconos grandes, pequeños, etc.) en todas las carpetas del disco.

Administración de archivos 3

¿Cómo eliminar una carpeta?

Más de una vez crearemos una en el lugar equivocado y necesitaremos borrarla. Es bastante sencillo llevar a cabo esta acción. Lo único que tenemos que hacer es **posicionarnos** sobre ella con un clic y luego el botón **Eliminar** de la barra de herramientas (**Figura 26**).

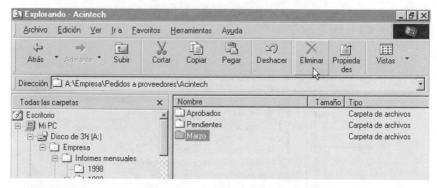

***Figura 26**. Aunque podemos usar muchos métodos para eliminar algo, por ahora manejémonos con éste.*

Aparecerá un mensaje avisándonos lo que estamos a punto de hacer (**Figura 27**). Responderemos que **sí**.

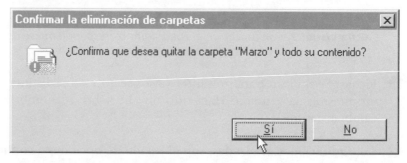

***Figura 27**. Si tocamos **Eliminar** por error, al responder **No** se anulará la operación.*

Ojo: cuando **eliminamos** una carpeta se borra con todo su **contenido**. Si elimináramos *Informes Mensuales* se borrarían también *1998 — 1999 — Enero — Febrero — Marzo, etc.*, obviamente, con todos los archivos que cada una contenga en su interior.

A veces aparece un mensaje medio raro....

Como el de la **Figura 28**, indicando que no podemos **mover** la carpeta porque el destino es el mismo que el origen.

El motivo del mensaje se debe a que la hemos **arrastrado** y la dejamos en el mismo lugar. ¿Arrastrado? Sí, eso. Hicimos un **clic**, y sin querer **movimos** un poco el **mouse** manteniendo presionado el botón izquierdo.

Este método se utiliza para cambiar de ubicación de las carpetas (moverlas). El problema es más de una vez lo hacemos por accidente, y la carpeta termina quedándose en el mismo lugar (todo generalmente sin darnos cuenta).

Cuando pasa eso, la máquina advierte que "no puede mover la carpeta y dejarla en el mismo lugar". Es simplemente un mensaje de advertencia al que sólo podemos responder **Aceptar** (este será el **único** caso en el que al ver un cartel medio raro ingresamos **Aceptar**, en otros casos hay que poner **No** o **Cancelar**).

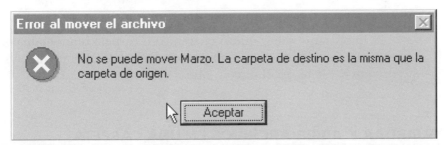

*Figura 28. Aquí no existe otra posibilidad más que cliquear en **Aceptar***

¿Y si efectivamente movimos la carpeta y no sabemos a dónde fue a parar?

Tranquilos, tranquilos, para esto también hay solución. Cada vez que hagamos una operación de la cual nos arrepentimos (copiar, borrar, cambio de nombre, etc.), hay una forma de volver un paso atrás: presionando el botón **Deshacer** de la **Barra de herramientas** (**Figura 29**).

Administración de archivos 3

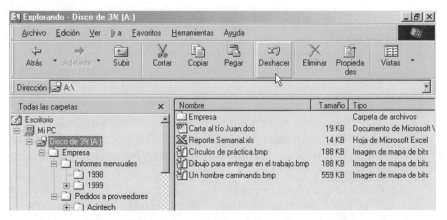

Figura 29. *Este botón nos salvará más de una vez de alguna macana. Lo bueno es que se puede deshacer varias veces y así volver más de un paso hacia atrás.*

Es importante saber que si el archivo o carpeta que **eliminamos** está ubicado en el **disquete**, será *imposible deshacer* la operación, pero sí podremos si estaba en el disco rígido.

GUARDAR Y ABRIR ARCHIVOS EN UNA CARPETA

Dijimos que una de las formas de poner un archivo dentro de una carpeta era en el momento de guardarlo. Únicamente habrá que realizar unos pasos más en el momento de indicar su ubicación. Veamos cuáles son para así poder llegar a un feliz resultado.

Prestando atención

Si al guardar le ponemos a un archivo el mismo nombre de otro que ya existe en la misma carpeta, el nuevo reemplazará al anterior, y este último dejará de existir. Por eso, hay que tener cuidado y fijarse siempre de usar nombres distintos. Igualmente, si nos equivocamos aparecerá un cartel indicando que ya existe un archivo con el mismo nombre y nos preguntará si queremos reemplazarlo; si respondemos que **No**, todo solucionado.

Como ejemplo supongamos que hicimos en *Word* un **informe** con las ganancias de todo el mes de **Marzo** de **1999**, y lo queremos guardar en la carpeta que corresponde a este tipo de documentos.

Una vez tipeado el texto, ingresaremos al menú **Guardar**, donde luego de escribir el **nombre** (Ganancias finales), seleccionaremos el **disquete de 3 $^1/_2$** (donde antes creamos las carpetas para practicar).

Aparecerá en ese instante un listado con todas las carpetas que se desprenden de la **raíz** (como en la **Figura 30**), además de los archivos existentes de Word que también hay en ese lugar. La única carpeta que tenemos a la vista es *Empresa*, sobre la que haremos un **doble clic** para ingresar.

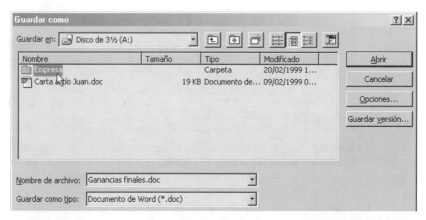

Figura 30. *Si no doblecliqueamos la carpeta, no podremos entrar en ella.*

Aquí aparecerán dos más (**Figura 31**), que son: *Informes mensuales* y *Pedidos a proveedores*. Ahora haremos **doble clic** sobre *Informes Mensuales*.

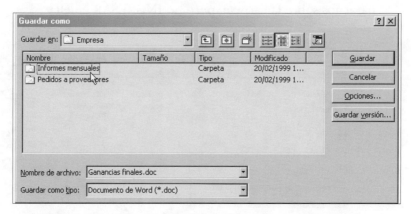

Figura 31. *Sólo veremos lo que hay dentro de una carpeta cuando ingresemos en ella.*

Administración de archivos

3

En *1999* también haremos doble clic, y lo mismo sobre *Marzo*, para así finalmente ingresar a esta carpeta y lograr que nuestro informe se guarde en su interior.

Lo **importante** es que el **nombre** de la **carpeta** donde supuestamente estamos guardando el archivo aparezca en el sector de la ventana que dice **Guardar en**, tal como en la **Figura 32**.

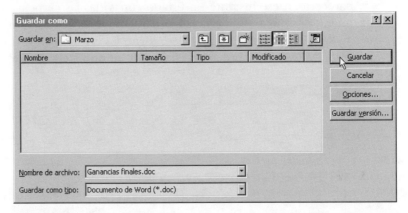

Figura 32. *Fue un camino largo de recorrer, pero al fin llegamos. Cuando cliqueemos sobre* **Guardar,** *el archivo quedará almacenado en la última carpeta donde ingresamos,* **Marzo.**

La cuestión es simple. Para que un archivo se guarde en una carpeta, hay que estar **dentro** de ella.

¿Cómo corroboramos si estamos o no dentro de la carpeta que queremos? Hay que fijarse que su nombre aparezca en el sector **Guardar en:**

No debemos creer que alcanza con hacer un clic en esa carpeta y dejarla seleccionada como en la **Figura 33**. Lo único que hicimos allí fue pararnos sobre la carpeta, pero no INGRESAR en ella.

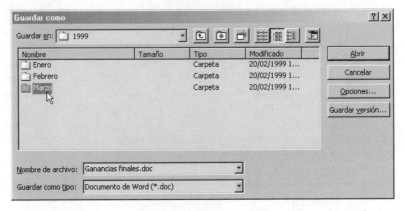

Figura 33. *Aquí no estamos dentro de la carpeta Marzo, si así fuese aparecería en el sector* **Guardar en**. *En realidad seguimos en 1999.*

Pongamos otro ejemplo:

Elaboramos como todos los días un pedido de mercaderías a nuestro proveedor *Telesold*. Podríamos tipearlo e imprimirlo directamente, sin necesidad de guardarlo, pero lo haremos porque nos gusta llevar un registro de todo lo que solicitamos.

Para esto, luego de escribir el nombre (Pedido número 4) también tendremos que seleccionar el disquete e ingresar con un doble clic en la carpeta *Empresa*. Seguiremos por *Pedidos a proveedores* y en última instancia nos meteremos en el interior de la carpeta *Telesold*. Si lo hicimos bien nos tiene que quedar como la **Figura 34**.

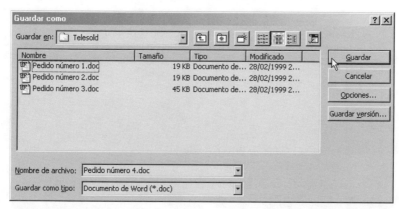

Figura 34. *Como el pedido no es el primero que hacemos, los anteriores aparecen en el Sector Principal para evitar que les ponga el mismo nombre.*

Hay un **detalle** importante a tener en cuenta: si todavía **no salimos** de Word y acabamos de guardar un archivo en una carpeta, posteriormente, cuando intentemos hacer lo mismo con **un archivo nuevo**, nos ubicará en la **misma** carpeta que usamos antes.

Si nuestra intención es guardarlo en **otro lugar** simplemente tendremos que retroceder utilizando el botón **Subir un nivel** (que también aparece en esta ventana), para así llegar hasta *Empresa* o la raíz, desde donde podremos empezar recorrer un nuevo camino.

¿Cómo crear una carpeta en el mismo momento de guardar un archivo?

Es común que al intentar guardar un archivo nos demos cuenta de que **no tenemos** una carpeta donde hacerlo. Para esto hay una solución, ya que en el mismo momento en que elegimos la ubicación del archivo, podemos **crear la carpeta** donde lo guardaremos.

Veámoslo con un ejemplo:

Acabamos de hacer un **informe** en una planilla de Excel sobre los gastos de librería que hubo en la oficina en el mes de **abril**. Cuando lo estamos guardando y entramos en la carpeta *1999* nos damos cuenta de que *"Abril"* todavía no fue creada.

Podríamos tranquilamente ir al **Explorador de Windows** y crearla en ese programa, pero como ya estamos ubicados dentro de la carpeta donde vamos a crear la nueva, lo más práctico será hacerlo desde aquí.

Lo que haremos entonces, en la ventana **Guardar como...**, será presionar el botón **Nueva Carpeta** de la barrita de herramientas que aparece en el costado derecho de **Guardar en** (**Figura 35**).

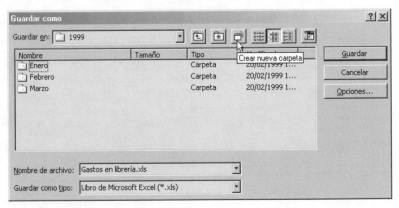

Figura 35. *Este botón nos ahorra tener que ingresar al Explorador de Windows para crear una carpeta.*

Allí directamente escribimos el nombre en la ventana que aparece, tal como en la **Figura 36**. Por último tendremos que ingresar en ella con un doble clic. Si todo quedó igual que en la **Figura 37** es porque lo hicimos bien.

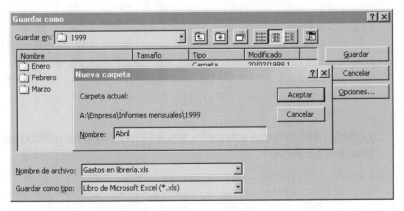

Figura 36. *Una vez que terminemos de escribir, no nos olvidemos de cliquear en **Aceptar** o de apretar la tecla **Enter**, que es lo mismo.*

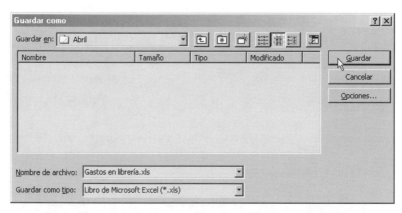

Figura 37. *Fue más fácil de lo que pensábamos. Ahora sólo nos queda cliquear en el botón* **Guardar***.*

En la lista de carpetas, *Abril* quedará al principio, pues su nombre comienza con la letra A; generalmente las carpetas se ven ordenadas alfabéticamente.

¿Cómo abrir un archivo almacenado en una carpeta?

Es simple: primero hay que **ENTRAR** en la carpeta que contiene ese archivo (ya que recién allí lo veremos), y luego, tal como hacíamos antes, seleccionarlo y presionar el botón **Abrir**.

Aclaración

Lo que veremos en este apartado (y también en el resto) se puede hacer con **cualquier** otro archivo que hayamos guardado en una carpeta. No tiene que ser necesariamente el que utilizamos como ejemplo.

Supongamos que el *Pedido número 2* de nuestro proveedor *Telesold* fue rechazado por falta de material. Necesitaremos recordar de qué se trataba y luego comentárselo a nuestro jefe para que discuta telefónicamente con ellos. Lo mejor será abrirlo e imprimirlo.

Para tenerlo en pantalla, vamos al menú **Archivo — Abrir** (por supuesto, dentro de Word), y una vez dentro de la ventana, en el sector **Buscar en** seleccionamos el disco de 3 $\frac{1}{2}$. Tiene que quedarnos parecido a la **Figura 38**.

Administración de archivos 3

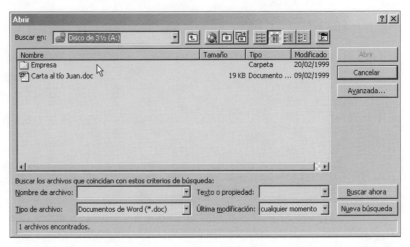

Figura 38. *El contenido es similar al de* **Guardar**, *pero no es lo mismo. Para estar seguros, siempre debemos controlar que la barra de título diga* **Abrir**.

Con el objetivo de ir ingresando en cada una de las carpetas hasta encontrar al archivo, hacemos doble clic en *Empresa,* luego en *Pedidos a proveedores* y por último en *Telesold.* Ahora nos encontraremos con una pantalla similar a la de la **Figura 39.**

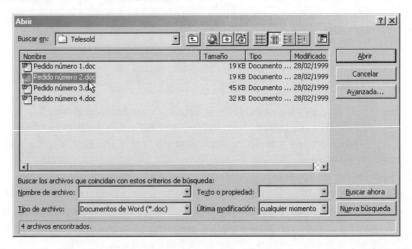

Figura 39. *Si lo hicimos correctamente, el nombre de la carpeta donde está el archivo que queremos abrir debe figurar arriba (en el sector* **Buscar en**)

Bien; sólo resta indicar con un **clic** cuál de estos archivos abriremos. El nuestro será *Pedido número 2* y el resultado será como el de la **Figura 40.**

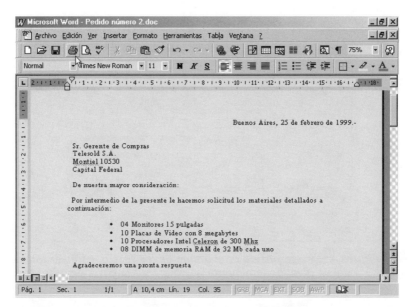

Figura 40. *Ahora podemos imprimirlo, modificarlo, etc.; en síntesis: hacer con él todo lo que se nos ocurra.*

En vez de seleccionarlo y presionar el botón **Abrir**, también podríamos haber hecho un **doble clic** sobre ese archivo. Es exactamente lo mismo, y más rápido.

Una particularidad de la ventana de Abrir

Dentro de esta ventana, tanto Word como Excel pueden mostrar de distinta manera el listado de los archivos que haya. Ya conocemos dos, que son **Lista** y **Detalles**. Pero hay otras nuevas:

- **Vista previa:** abre una pequeña muestra del archivo en una pantallita al costado. No lo presenta exactamente igual como lo diseñamos, pero es bastante práctica porque nos da una idea clara de su contenido. El objetivo es que podamos ver el interior de cada uno de los archivos sin necesidad de abrirlos.
- **Propiedades:** es el "delator". Nos dice cuándo fue creado el archivo, la fecha de la última impresión, el tiempo que estuvo editándose, cuántas palabras tiene, párrafos, etc. Sinceramente, no es de gran utilidad, salvo en algunos casos particulares.

Para pasar de una vista a otra tenemos que usar los cuatro botones que se encuentran en la barra de herramientas de la ventana de **Abrir**, como vemos en la **Figura 41.**

Administración de archivos

3

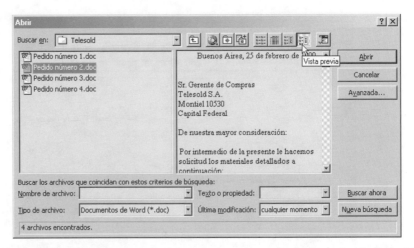

*Figura 41. **Vista previa** es el último de los cuatro. Para ver todo el contenido del archivo, generalmente hay que usar la barra de desplazamiento.*

CORTAR, COPIAR, PEGAR...

Aquí aprenderemos cómo copiar archivos del disco rígido a un disquete, o entre cualquiera de los otros medios de almacenamiento. También vamos a moverlos, que no es lo mismo.

Los dos temas son de fundamental importancia para saber cómo transferir información de un lugar a otro.

Pautas generales

Cuando copiamos un archivo pasamos a tener **dos** iguales: uno en su lugar original, y otro en la nueva ubicación.

Lo mismo sucederá con una **carpeta**, pero tengamos en cuenta que cuando lo hagamos la pasaremos con **todo su contenido** (archivos y subcarpetas).

No es lo mismo **mover** un archivo que copiarlo. Al moverlo, el archivo **original** cambia de **lugar**: deja de existir donde estaba y pasa a una nueva ubicación. Es como cuando movemos una hoja desde una mesa a una silla. La hoja ya no está más en la mesa, su nuevo lugar es la silla.

Pero **copiar** es como haber sacado una fotocopia perfecta de esa hoja y poner el duplicado en la silla; tendremos entonces la hoja en ambos lugares al mismo tiempo.

En computación, cuando se habla de **mover** es lo mismo decir **Cortar**.

Por lo tanto, cuando hablemos de que vamos a cortar a un archivo, en realidad estamos diciendo que vamos a **moverlo.**

Existen varios métodos para llevar a cabo estas acciones. En una primera instancia veremos el más seguro (que está dividido en dos partes) y luego el más rápido, pero también más impreciso.

El primer método

Tanto para **Cortar** como para **Copiar** un Archivo hay que tener en cuenta **2 etapas**:

- La primera consiste en indicar *QUÉ* es lo que queremos **Mover** o **Copiar**.
- La segunda es indicar *DÓNDE* queremos moverlo o copiarlo. Esto último lo haremos con **Pegar**.

En la primera etapa, donde sólo indicamos qué es lo que vamos a copiar o mover, nada pasa con el archivo o carpeta. Es como señalar con el dedo algo que queremos comprar; sólo estamos eligiendo, pero todavía no lo llevamos.
El archivo pasará de un lugar a otro recién cuando lo **peguemos**, o sea, cuando le digamos a la máquina el lugar donde lo queremos enviar. Si nunca lo pegamos, ese archivo jamás va a copiarse (o moverse).

Copiar

Si estamos dentro del *Explorador de Windows*, para copiar un archivo primero habrá que **seleccionarlo** (cliquear sobre él) y luego, en la **Barra de herramientas**, presionar el botón que dice **Copiar**.
Una vez hecho esto, hay que **pararse en el lugar** (carpeta, por ejemplo) **donde queremos hacer la copia**, y allí presionar el botón **Pegar** de la **Barra de herramientas**.

Veámoslo mejor con un ejemplo:
Necesitamos hacer una copia de el archivo que tenemos en el **disquete** sobre **los gastos de librería del mes de abril**. Lo mandaremos a la carpeta **Mis Documentos** que está en el disco rígido.
Lo primero que haremos será buscarlo. Una vez que lo encontremos (está en la carpeta *Abril*), en la **Barra de herramientas** presionaremos el botón **Copiar**, tal cual vemos en la **Figura 42.**

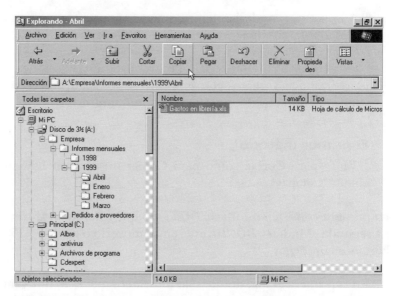

Figura 42. *No debemos olvidarnos de cliquear sobre el archivo para que quede seleccionado. Si no se lo indicamos, la máquina nunca sabrá qué es lo que queremos copiar.*

Luego habrá que pararse en el disco rígido sobre la carpeta **Mis Documentos** (lo mejor será buscarla sobre el sector izquierdo) y allí presionar el botón **Pegar** de la **Barra de herramientas** (**Figura 43**).

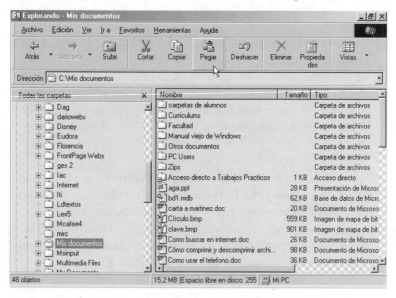

Figura 43. *Éste es el momento en que el archivo pasará del disquete a la carpeta **Mis Documentos** del disco rígido.*

Listo; el archivo ya fue copiado. En la **Figura 44** podemos apreciar como quedó.

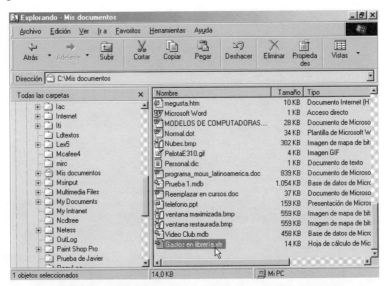

Figura 44. *Si volvemos a ordenar los archivos por nombre, aparecerá en el lugar que corresponda y no como acá, al final de la lista.*

Cuando se trata de la copia de un documento de gran tamaño (700 KB, por ejemplo), al copiarse aparece un cartelito con una hojita volando de una carpeta a otra. A muchas personas les parece divertidísimo.

No hace falta **pegar inmediatamente** el archivo ni bien lo marcamos para copiar o mover. Una vez que lo hayamos hecho podemos **seguir trabajando** (crear carpetas, borrar archivos, ¡hasta salir del Explorador!). Mientras no copiemos o cortemos **nada nuevo** y no apaguemos la compu, podemos **pegar en cualquier momento**.

En una porción de la memoria *RAM* denominada técnicamente **Portapapeles**, la máquina memoriza la ubicación de lo que hayamos marcado para copiar. Cuando pegamos, lo que hace la máquina es fijarse dónde tiene que ir a buscar el archivo que empezará a copiar.

Tampoco hay que creer que es obligatorio copiar un archivo entre distintas unidades. Se pueden hacer copias desde una **carpeta** del disco rígido a **otra**. Veamos un **ejemplo** de esto:

Vamos a suponer que necesitamos copiar un documento llamado *Carátula de Trabajo Práctico.doc,* que está en la carpeta *Mis Documentos\Facultad,* en nuestro disco rígido, a otra carpeta llamada ***Internet,*** que también está en la **misma** unidad. En esta última ponemos todos los documentos que enviaremos mediante la Red a nuestros compañeros del grupo.

Administración de archivos

3

Primero hay que **seleccionar** el archivo y luego presionar el botón **Copiar** de la **Barra de herramientas (Figura 45)**.

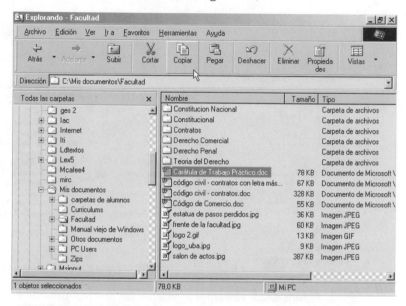

Figura 45. *En este caso, el archivo está dentro de la carpeta Facultad, que a su vez está dentro de la carpeta Mis Documentos.*

Luego nos detenemos sobre la carpeta *Internet* y presionamos el botón **Pegar** de la **Barra de herramientas**.

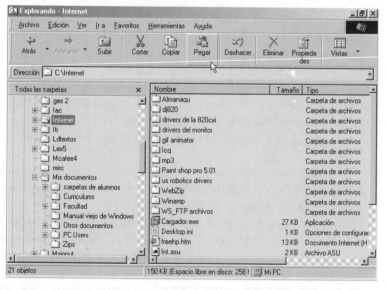

Figura 46. *La carpeta Internet también está en la unidad C:, al igual que la otra.*

De esta manera tendremos **dos veces** el mismo archivo en nuestro disco rígido. Si uno se **borra** o se **daña**, no importará, ya que tenemos una **copia** de él en otro lugar.

¿No se entiende? Se los explico mejor:

Supongamos que abrimos la **carátula** que está en **Mis Documentos** y hacemos unas cuantas **modificaciones** que al final no quedan muy bien. Como no nos gustaron, **cerramos** el programa para irnos, y sin querer, por "apurados" respondemos que **Sí** a la pregunta de **Guardar** los cambios.

¡DESASTRE! Hemos guardado todo lo que hicimos y ahora tendremos que retocar la carátula para volver a dejarla como antes.

Pero afortunadamente no habrá que hacer **"trabajo extra"**, porque como habíamos hecho antes una copia **"idéntica"** del original dentro de la carpeta **Internet**, sólo tendremos que **enviarla** (**Copiar — Pegar**) sobre la que está en **Mis Documentos**. Al hacerlo **encima**, previa confirmación, la otra se **borrará** y sólo quedará la **nueva**.

¿Ahora sí?

A partir de este momento pueden (y deben) **practicar** con cualquier archivo y carpeta que tengan en su computadora, porque, a menos que tengan una memoria de elefantes, ésta es la mejor vía para poder fijar los conocimientos adquiridos.

Antes de seguir con otra cosa, para aquellos que son medio **genios** les cuento que cuando **marcamos** un archivo para **Copiar** tenemos la posibilidad de **Pegar** cuantas veces se nos ocurra, sin necesidad de marcarlo nuevamente.

Por ejemplo, podríamos **Copiar** un archivo que está en un **CD**, **pegarlo** en el **disco rígido** y luego **volver a pegarlo en un disquete**, sin necesidad de ir de nuevo al CD y marcarlo otra vez para copiar.

Cortar

El procedimiento es exactamente el mismo que usamos con copiar; la única diferencia está en que una vez seleccionado el archivo, presionaremos el botón **Cortar** de la **Barra de herramientas**, en vez del otro (**Figura 47**).

Recuerden que cuando cortamos un archivo, en el momento de **pegarlo** se **eliminará** de su **ubicación original** y solamente **quedará en el nuevo lugar** en que lo hayamos puesto.

Notarán que cuando un archivo se marca para **Cortar**, el color de su ícono se pone más clarito.

Administración de archivos 3

141

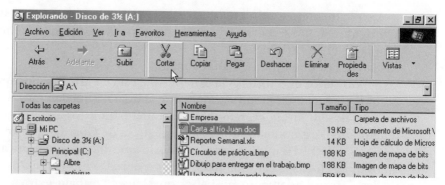

Figura 47. *Los pasos son los mismos que para* **Copiar**; *sólo cambia un botón.*

Si por error elegimos **Cortar** en vez de **Copiar**, no hay problema; simplemente tenemos que volver a seleccionar el archivo y marcar **Copiar** como queríamos en un principio. Si no, también podemos presionar la tecla **Esc.**

Cabe recordar que si cortamos, no podremos pegar varias veces, a diferencia de **Copiar.**

Otro métodos para hacer lo mismo

En vez de usar **Cortar**, **Copiar** y **Pegar** de la **Barra de Herramientas**, en este caso haremos un **clic** con el **botón derecho** del mouse. Al apretarlo aparecerá un *Menú Contextual.*

¿Por qué se llama así? Porque se adapta al contexto; el menú que aparece varía según donde lo presionemos (el lugar donde esté la flechita). Si lo hacemos sobre el **Escritorio**, veremos el menú correspondiente al Escritorio; en cambio, si lo hacemos sobre la **Barra de tareas**, el menú será otro, y así con todo.

Fíjense qué práctico resulta el menú sobre la **Barra de tareas**: al seleccionar la opción **Propiedades** se podrá acceder a la configuración desde donde podremos decidir si queremos que esté siempre visible, ocultar automáticamente, etc.

Ahora lo usaremos en el siguiente ejemplo:

Copiaremos el archivo *Carta al tío Juan.doc*, que se encuentra en la raíz del **disquete**, a la carpeta *Mis Documentos* del **disco rígido**.

Los pasos a seguir son éstos: cliqueamos con el **botón derecho** del mouse **justo sobre el archivo** que está en el disquete. Aparecerá un menú contextual parecido al de la **Figura 48**, donde seleccionaremos **Copiar.**

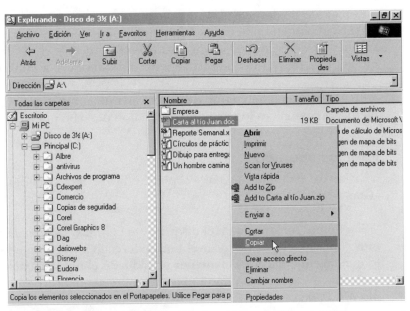

Figura 48. *La opción* **Pegar** *no aparece porque todavía no copiamos nada.*

Luego nos posicionamos en el rígido sobre la carpeta *Mis Documentos* y cliqueamos sobre ella con el **botón derecho**. En esta ocasión, del menú elegiremos **Pegar (Figura 49)**.

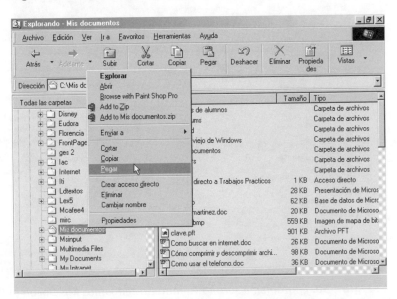

Figura 49. *Según los programas que tengamos instalados, el menú contextual puede presentar más o menos opciones, pero* **Cortar, Copiar** *y* **Pegar** *siempre estarán en el mismo lugar.*

El método de desplegar el menú contextual con el botón derecho es en verdad bastante práctico, sobre todo cuando **no hay** una barra de herramientas desde donde elegir las opciones. Además es tan seguro como el primero, por lo que sería bueno acostumbrarse a utilizarlo.

En general, en el momento de seleccionar una opción que figura en el menú contextual, **es lo mismo** usar el botón derecho que el izquierdo.

Para los apurados....

Existe un método más para copiar archivos: **arrastrándolos**. ¿Qué? ¿Cómo?

Si tenemos un archivo en el disquete (ej.: *Carta al tío Juan.doc*) y deseamos copiarlo, en vez de tocar el botón derecho y elegir alguna opción, lo que hay que hacer es **mantener presionado el botón izquierdo** sobre ese archivo y **arrastrarlo** hasta **ubicarlo** sobre alguna carpeta, por ejemplo *Mis Documentos*.

Si miramos la **Figura 50**, veremos que junto a la flechita del mouse aparece el nombre del archivo que estamos arrastrando, con un signo + en la parte inferior. Ese signo indica que lo estamos copiando.

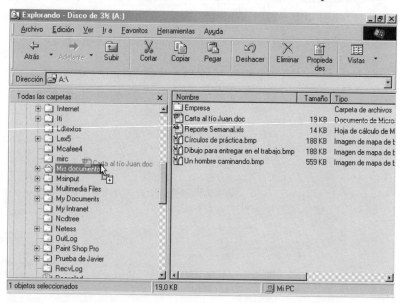

Figura 50. *El problema surgirá cuando no tengamos Mis Documentos a la vista. En ese caso, lo mejor será ir hasta esa carpeta (corriéndonos con la barra de desplazamiento) antes de arrastrar al archivo.*

Una aclaración muy importante: cuando se trata de **unidades distintas** (del disquete al disco rígido, por ejemplo) al **arrastrar** el archivo, se **copia**. Pero si se trata de **la misma unidad,** el archivo **no** va a copiarse, sino a **moverse** (y, como bien sabemos, no se parece en nada una cosa a la otra).

Por lo tanto, cuando arrastremos un archivo de un lugar a otro dentro del mismo disco (o también una carpeta entera), ese archivo se terminará moviendo, y no copiando. En la **Figura 51** se está haciendo justamente eso.

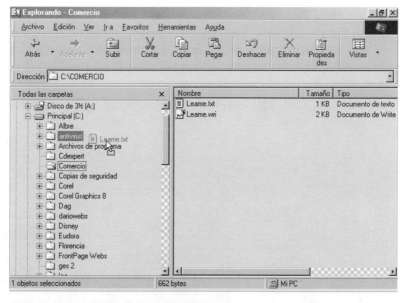

Figura 51. *Si se fijan bien, el símbolo **+** ya no aparece junto al archivo: se debe a que no estamos copiando, sino moviendo*

Si se trata de dos carpetas de la **misma unidad** y no queremos **mover** al archivo, sino **copiarlo**, podemos hacerlo con un truco: manteniendo presionada la tecla **CTRL** mientras estamos **arrastrando**.

CÓMO SELECCIONAR VARIOS ARCHIVOS AL MISMO TIEMPO

Más de una vez necesitaremos **Copiar, Mover o borrar varios archivos** (tres, ocho, o cincuenta) **al mismo tiempo**. El problema aparece cuando tenemos uno seleccionado y queremos marcar al siguiente. Al hacer un clic izquierdo sobre el segundo archivo, el primero se "des-selecciona" (se pierde la selección), y pasa a seleccionarse el otro. Llegará un momento en que, al intentar hacer que ambos queden seleccionados, nos agarraremos la cabeza y nos preguntaremos cómo se hace.

A no desesperar, porque hay un método para lograrlo: consiste en mantener la **tecla CTRL** (Control) **presionada** mientras **seleccionamos** los distintos archivos que vamos a copiar mover o borrar **juntos**.

Una aclaración importante: no es necesario tener la tecla **CTRL todo el tiempo apretada**; sólo debe estar así en el **momento** de **cliquear** con el mouse para seleccionar algún archivo.

Miren la **Figura 52**: aquí aparecen **4** archivos seleccionados en **total** y en forma **salteada**. Para lograrlo hubo que llevar a cabo estos pasos: Se marcó el **primero**, se presionó **Control** y se la mantuvo así, y luego **se marcó el resto** haciendo un clic sobre cada uno de ellos.

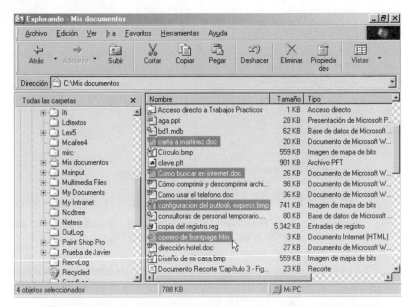

Figura 52. *Si alguno de los archivos está más abajo en la lista no hay problema, sólo habrá que buscarlo usando la barra de desplazamiento.*

Copiaremos esos archivos utilizando el método del botón derecho. El clic se podrá hacer indistintamente sobre cualquiera de los que están seleccionados, ya que **uno representa a todos los demás**. Cuando aparezca el menú contextual, seleccionaremos la opción **Copiar (Figura 53)**.

Cuidado, **no cliqueemos** con el botón derecho en un lugar donde no haya **nada** o sobre **otro archivo que nada tenga que ver**, porque se **perderá la selección** y habrá que volver a hacerla.

Para evitar conflictos, en estos casos de selección múltiple de archivos a veces es mejor usar el botón **Copiar** de la **Barra de Herramientas** que hacerlo con el clic derecho.

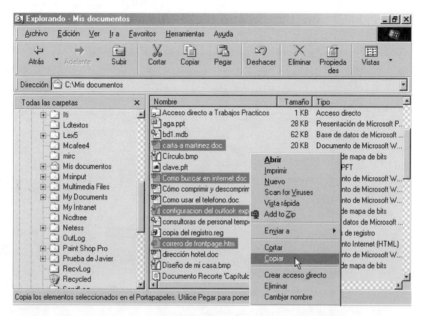

Figura 53. *En este caso, el botón derecho se presionó sobre el segundo archivo, aunque podría haber sido sobre cualquiera de los que están seleccionados.*

Cuando nos paremos en una carpeta y seleccionemos **Pegar**, los cuatro archivos empezarán a copiarse solitos.

Hay que prestar atención al **momento** de presionar la tecla **CTRL**. Antes que nada, se debe **cliquear sobre el primer archivo** que deseamos seleccionar, y **luego** de esto presionar **Control**.

Si seleccionamos un archivo y luego nos **arrepentimos**, simplemente tenemos que **volver a cliquear sobre él** con el botón izquierdo (con **CTRL** presionado, si no se perderá toda la selección del resto). Así, el archivo quedará "des-seleccionado" (sepan disculpar los neologismos).

Administración de archivos   3

¿Qué pasa cuando los archivos son muchos?

Bueno, no es necesario ir marcando uno por uno. Existe un método para seleccionar archivos listados en forma correlativa: simplemente hay que indicar con un **clic** cuál es el **primero**, mantener apretada la tecla **Shift** y marcar con otro **clic** el **último** (**Figura 54**).

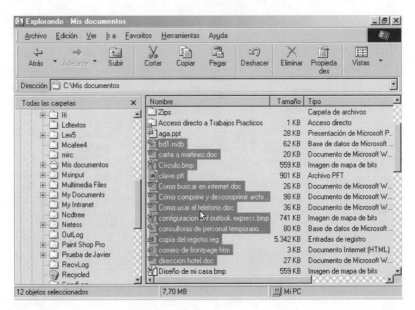

Figura 54. Con este método podemos seleccionar la cantidad deseada de archivos en un solo paso. Podrían ser más de doscientos; no hay un límite.

Si alguno de los archivos lamentablemente quedó **incluido en la selección** pero no nos interesa, no hay problema; podemos **"des-seleccionarlo" cliqueando** sobre él mientras mantenemos presionada la tecla **CTRL** (**Figura 55**).

En el caso de que el **teclado** esté en **castellano** (tiene la "ñ"), en vez de **Shift** dirá **Mayúsculas**; esta última palabra puede estar abreviada, o tal vez las teclas simplemente tengan una flechita que apunta hacia arriba. Están a ambos lados de la barra espaciadora; podemos utilizar cualquiera de ellas.

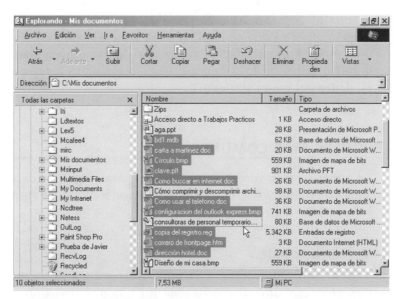

Figura 55. *Como vemos, ambos métodos se pueden combinar.*
En este caso se "quitaron" dos archivos que estaban en el medio.

¿Y con las carpetas, cómo hacemos?

Si se trata de seleccionar varias carpetas, no podremos hacer nada desde el sector izquierdo; siempre tendremos que intentarlo desde el **sector derecho**, como en la **Figura 56**.

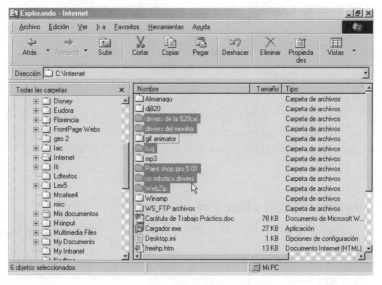

Figura 56. *Las carpetas se pueden seleccionar al igual que los archivos.*
No hay diferencia.

Administración de archivos **3**

149

Antes de copiar **muchas carpetas** sería bueno cerciorarse primero del **tamaño** en bytes que ocupan en **total**, para saber si entrarán o no en la unidad adonde las vamos a enviar. Esto se hace presionando el **botón derecho** (sobre cualquiera que esté seleccionada) y luego eligiendo **Propiedades** del menú contextual.

LOS ERRORES MÁS COMUNES

En esta sección veremos por qué nos pasan algunas cosas que no llegamos a entender del todo y cómo solucionarlas ante la eventualidad de haber hecho algo que no queríamos.

Volver a copiar...

No es raro equivocarse y elegir **Copiar** en vez de la opción **Pegar**, como correspondía. Suele suceder que estamos pensando en **copiar** ese archivo, y ni bien vemos esa palabra volvemos a seleccionarla en vez de elegir **Pegar**.

A veces pasa que por error se **marca** para copiar la carpeta de **destino,** donde teóricamente íbamos a enviar nuestro archivo. La mejor solución para esto es volver a **repetir** todo el procedimiento pero **en forma correcta**.

Mover o Copiar un archivo al lugar equivocado

También es muy común que **arrastremos** archivos y los **soltemos** sin querer sobre una **carpeta equivocada**.

Cuando no sabemos dónde soltamos a un archivo, lo ideal será **Deshacer** la operación con el botón correspondiente de la **Barra de herramientas**.

También encontraremos la opción **Deshacer** en el menú **Edición**. La ventaja de elegirla desde aquí es que nos aclara cuál es la operación que va a deshacer, cosa que no hace el botón de la barra de herramientas.

Arrastrar con el botón derecho

Generalmente sucede que cuando presionamos el botón derecho del mouse para copiar o cortar un archivo o carpeta, en vez de aparecer el menú contextual que corresponde aparece otro más cortito, como el de la **Figura 57.**

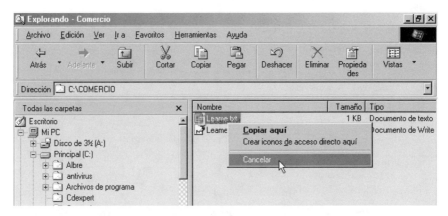

Figura 57. *Para quitarlo hay que elegir* **Cancelar**

Aquí *arrastramos*, es decir, mantuvimos presionado el botón derecho y movimos el archivo sin querer con el mouse.

En realidad este menú existe debido a que hay una posibilidad de arrastrar archivos utilizando el botón derecho del mouse en vez del izquierdo (método que vimos en "Para los apurados..."). Este método tiene la ventaja de presentar un menú y dejarnos decidir si queremos **Copiar** el archivo o Moverlo, y también crear un acceso directo del mismo (ya veremos este tema más adelante).

Pero si lo arrastramos y no lo llevamos a ninguna carpeta, sino que nos quedamos en el mismo lugar porque apenas movimos el mouse, la opción de **mover** no aparecerá.

En el caso de elegir **Copiar aquí** (generalmente por confusión) estando en la misma carpeta, aparecerá una copia del archivo dentro de ella, como vemos en la **Figura 58.** Si realmente queríamos copiar el archivo, lo tendríamos que haber **arrastrado** con el botón derecho presionado **sobre la carpeta** donde lo queríamos **enviar**, y entonces elegir esta opción del menú contextual cortito.

Administración de archivos

3

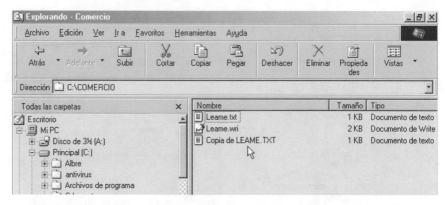

Figura 58. El archivo "Copia de LEAME.TXT" se creó al elegir la opción
Copiar Aquí. Lo mejor será borrarlo para no tener una mezcla de archivos
en el mismo lugar.

Si el menú apareció sin querer, para que no pase nada hay que elegir
la opción **Cancelar** y volver a intentar presionando el botón derecho sobre el archivo, esta vez sin arrastrar. Así lograremos ver el menú contextual que corresponde.

¿Qué pasa cuando hacemos doble clic sobre un archivo?

Si fue hecho con algún programa conocido (Word, Excel, Paint, etc.)
se abrirá ese programa con el archivo ya cargado.

Esto es **muy práctico** cuando encontramos un archivo y necesitamos
ver su contenido, y también cuando, por ejemplo, entramos a una carpeta y nos encontramos con un montón de archivos que **no sabemos de
qué se tratan**. Antes de tomar cualquier medida, lo mejor será ver su
contenido, y ésta es la forma más rápida de hacerlo.

Si el archivo no es reconocido por ningún programa que tengamos
instalado en nuestra PC (cosa poco común), al hacer doble clic sobre él
aparecerá una ventana como la de la **Figura 59**. Como no somos exper-
tos, lo mejor será que no hagamos experimentos y la cerremos.

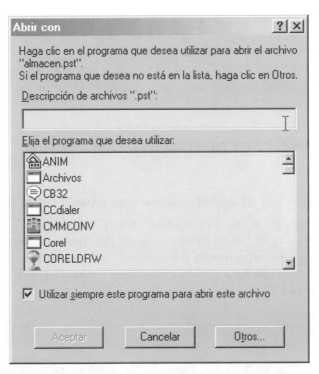

Figura 59. *Esta ventana pregunta con qué Programa queremos abrir este archivo. Si no sabemos, lo mejor será cancelar la operación.*

Si el archivo es del tipo *Aplicación* (extensión .EXE o .COM) significa que es un **programa** (un juego, por ejemplo); en ese caso cuando hagamos doble clic sobre él lo ejecutaremos (cargaremos).

¿Por qué a veces no se nos permite mover un archivo?

Ni tampoco borrarlo, ya que cuando lo intentamos aparece un cartel como el de la **Figura 60.**

Figura 60. *La operación que intentamos realizar no se pudo llevar a cabo.*

Administración de archivos

3

El mensaje con la negativa se debe a que cuando tengamos a un archivo **abierto** en algún programa, **no podremos moverlo** desde el Explorador, ni tampoco **eliminarlo**.

Para llevar a cabo alguna de estas acciones primero habrá que **Cerrar** a ese archivo con el programa donde lo estamos usando (**Salir de él**).

OTRAS FUNCIONES DENTRO DEL EXPLORADOR

Cómo ver el espacio libre que queda en el disco

Aunque se puede visualizar desde la barra de estado, lo mejor es presionar el botón derecho sobre la unidad en la que queremos averiguar cuánto espacio nos queda, y allí seleccionar la opción **Propiedades** (**Figura 61**). Al hacerlo, aparecerá una ventana como la de la **Figura 62**.

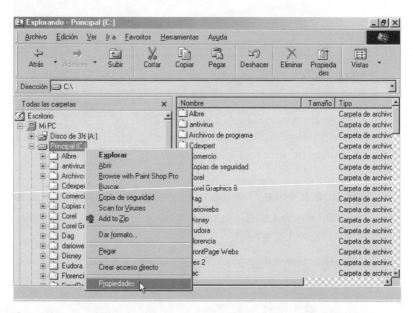

Figura 61. *También desde este menú podremos cambiar la etiqueta que tiene como nombre la unidad (en este caso, Principal).*

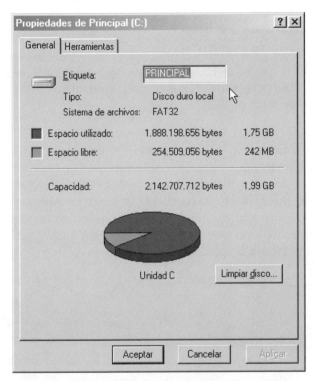

Figura 62. *Es mucho mejor ver representado gráficamente cuánto espacio libre nos queda.*

Como mencionamos en apartados anteriores, el método que acabamos de utilizar también se puede aplicar sobre una **carpeta** a fin de saber cuánto ocupan en **total** todos los archivos y demás subcarpetas que contiene.

Formatear disquetes

En los principios de la computación, cuando se quería utilizar por primera vez un disquete, había que formatearlo.

Al formatear un disquete, se lo prepara para **recibir información** (de determinado modelo de PC y de determinado sistema operativo — Windows)

Cuando un disquete no está formateado, se dice que es virgen, y para poder ingresarle información habrá que someterlo sí o sí a este procedimiento.

Actualmente todos los **disquetes nuevos** vienen ya **formateados de fábrica**, así que es muy raro que nosotros tengamos que hacerlo. Pero como muchos también utilizan este método para borrar toda la información de un disquete usado (uno usado también se puede formatear), veremos cómo se lleva a cabo.

Sacándose una duda

Para saber si los disquetes que compramos están formateados o no, en la cajita o en cada uno de los disquetes deberá decir IBM-FORMAT-TED o DOS-FORMATTED. En ese caso, no hará falta que los formatee-mos nosotros.

Para formatear un disco, hay que tener en cuenta un detalle impor-tante: **no** hay que abrir ni ver **el contenido** de esa unidad mientras se for-matea. Eso significa que primero debemos pararnos en cualquier otro lugar (por ejemplo, la unidad C:) y luego presionar el botón derecho di-rectamente con el mouse sobre la unidad A: (esto **no** permitirá ver el contenido, sino que desplegará el menú contextual respectivo). Mire-mos la **Figura 63** para entenderlo mejor.

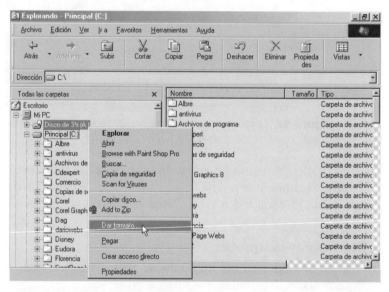

Figura 63. *Primero tendremos que cliquear con el botón izquierdo en la unidad C: y luego con el botón derecho en la unidad A:*

Cuando se lleva a cabo el formateo de un disco, además de borrarse toda la información vieja y prepararlo para recibir la nueva, se hace un **análisis de la integridad física** para ver si el disco está dañado o no.

En la ventana correspondiente a esta opción **(Figura 64)** tendremos varias opciones. Por ejemplo, podemos decir que haga un formateo **rápido** (que borra toda la información pero no chequea la integridad física del disco) o **completo**, que es el tradicional y necesario para dis-cos vírgenes. Además podremos asignar una etiqueta para el disco.

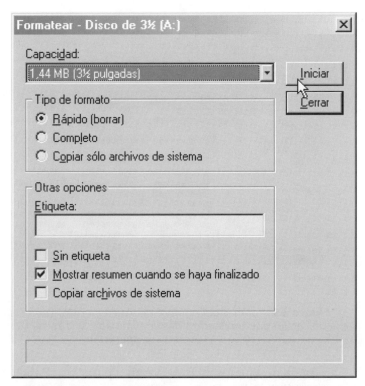

Figura 64. *Formatear un disco lleva aproximadamente un minuto y medio. Con la opción **"Rápido"** el tiempo se reduce a 20 segundos.*

LA PAPELERA DE RECICLAJE: ¿LO BORRADO, BORRADO ESTÁ?

¿Qué pasa cuando eliminamos?

Al borrar un archivo o una carpeta, en realidad no desaparecen físicamente del disco rígido, sino que son **enviados** a un lugar especial llamado **Papelera de Reciclaje (Figura 65)**, que es donde van a permanecer hasta que decidamos **Recuperarlos** o **Eliminarlos definitivamente**.

Administración de archivos 3

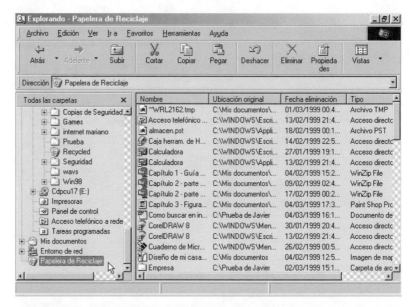

Figura 65. *Además del nombre de los elementos, vemos datos como la ubicación que tenía antes de ser eliminado, y la fecha cuando se llevó a cabo esa operación.*

La ventaja de que los archivos vayan a parar a la **Papelera de Reciclaje** es la posibilidad de **Recuperar** los elementos que haya en su interior y poder **volver a usarlos** normalmente, como si nunca los hubiésemos borrado. Es como revolver el tacho de basura y encontrar el papel que justo habíamos tirado la semana anterior.

Los archivos permanecerán en la Papelera el tiempo que sea necesario. Tal vez algún día decidamos recuperarlos, o en cambio **Vaciarla**, que es exactamente lo mismo que sacar la basura a la calle; entonces sí se elimina físicamente todo, sin posibilidad de recuperar nada.

¿Por qué vaciarla? Porque lo que contiene **no se elimina físicamente**, los archivos siguen ocupando el mismo **espacio**; por lo tanto, cuando necesitamos imperiosamente **más lugar** en el disco rígido conviene llevar a cabo este procedimiento.

Pueden pasar meses sin que lo hagamos, aunque muchos la vacían por una cuestión de **"orden"**, para no conservar cosas viejas que nunca más van a necesitar.

Lo bueno es que no es necesario vaciar la papelera **entera**, sino que se puede elegir qué se desea eliminar definitivamente y qué se quiere conservar "por las dudas". Personalmente, yo lo hago porque vi que se cumplía más de una vez esa ley que dice "cuando tiremos algo, seguramente lo vamos a necesitar en los próximos días". Por eso evito la eliminación definitiva lo más que puedo.

Hay una **porción** configurable **de espacio** en el disco rígido que queda **reservado** para la Papelera. Cuando ese espacio se completa lo más antiguo se borra definitivamente en forma automática, para dar lugar a lo que recién entra. En principio es el diez por ciento del tamaño total, pero el usuario puede llegar a cambiar este valor.

La papelera recién apareció con **Windows 95**. En DOS o Windows 3.1, lo que se borraba se perdía para siempre, y no había lugar para el arrepentimiento.

Para ver el contenido de la Papelera, vaciarla, recuperar a un archivo, etc., podemos seguir dos maneras:

- **Desde** el **Explorador de Windows**, buscar el ícono correspondiente al **final** de toda la estructura de unidades, tal como se ve en la **Figura 65**, ó

- Entrar en la Papelera con un doble clic desde el ícono que está en el **Escritorio (Figura 66)**.

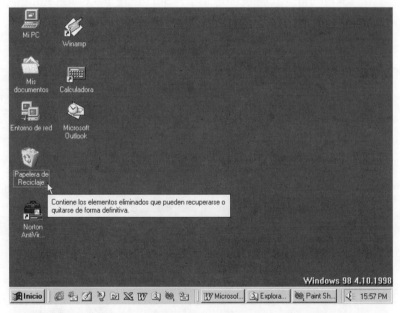

Figura 66. *Al hacer un doble clic sobre el ícono e ingresar a la Papelera podremos llevar a cabo las distintas tareas para administrarla.*

También veremos **mezclado** entre las **carpetas** un elemento con el mismo ícono que dice **Recycled**. Se puede trabajar desde aquí también, es lo mismo, aunque para evitar confusiones es mejor hacerlo con los métodos antes indicados.

Administración de archivos 3

159

Un detalle importantísimo a tener en cuenta: los **disquetes no cuentan** con ninguna especie de **Papelera de Reciclaje**. Esto se debe a que, como los elementos eliminados siguen ocupando el mismo espacio, un disquete con muy **poca capacidad** se *llenaría* enseguida, lo que tornaría imposible trabajar con ellos.

Como los disquetes no se pueden dar el "lujo" de conservar las cosas borradas, todo lo que eliminemos será en forma definitiva. Por eso, conviene pensarlo dos veces antes de borrar algo desde un disquete, ya que no podremos recuperarlo.

¿Cómo se elimina un elemento?

Para borrar un archivo, carpeta o acceso directo, hay varios métodos que podremos utilizar. Ya vimos uno de ellos, que consiste en seleccionar el o los elementos, y presionar el botón **Eliminar** de la **Barra de herramientas** del Explorador de Windows.

Otro de los métodos es presionar el **botón derecho** sobre cualquiera de los elementos seleccionados, y allí elegir la opción **Eliminar**, como vemos en la **Figura 67.**

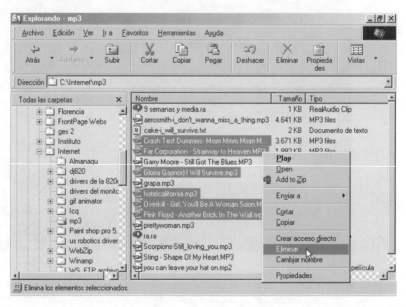

Figura 67. *En el menú contextual siempre encontraremos las opciones más comunes que se pueden llevar a cabo con lo que está seleccionado.*

Para eliminar, también se podrán **arrastrar** los archivos **sobre la Papelera (Figura 68)**. Al soltarlos sobre ella le estamos indicando claramente a la máquina qué es lo que deseamos hacer. Este método no es muy práctico cuando **no** tenemos el ícono de la papelera a la vista, ya que los archivos se nos pueden llegar a soltar sin querer en cualquier otro lugar.

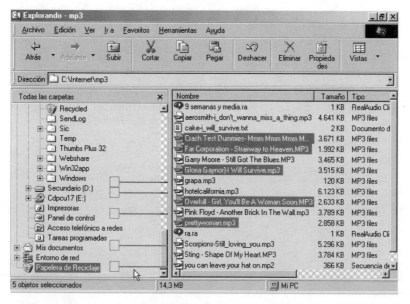

Figura 68. *Arrastrar los archivos sobre el tachito es lo más parecido a tirar algo a la basura*

Recordemos que si son **varios archivos**, para arrastrarlos hay que tomar cualquiera de los que estén **seleccionados**, ya que uno representa a los demás. Pero debemos tener cuidado de no **perder toda la selección** haciendo un clic sólo sobre **uno** de ellos y **soltando** el botón. **Una vez que hicimos clic sobre cualquiera de los que estén seleccionado, no hay que soltar el botón izquierdo hasta no haber llegado sobre la papelera.**

Un buen método, a diferencia de los otros, es el de presionar la tecla **Delete o Suprimir** una vez que los archivos están seleccionados. Es bastante piola porque **no** correremos el riesgo de **perder la selección** haciendo un **clic** sin querer en **otro lado**, y viene bárbaro si **no hay una barra de herramientas** de dónde presionar el botón **Eliminar**.

En **todos los casos** aparecerá un cartel **(Figura 69)** que nos pedirá que confirmemos la operación que estamos a punto de realizar. Si miramos bien, **no es el mismo** que cuando borramos en un **disquete (Figura 70)**, ya que en éste la eliminación es definitiva.

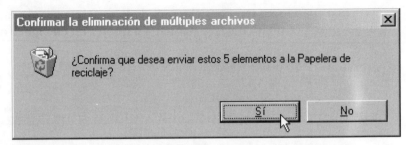

Figura 69. La confirmación (afortunadamente) siempre aparece antes de enviar algo a la Papelera.

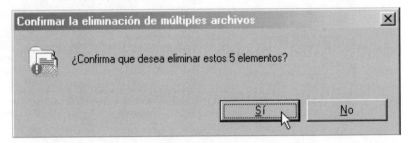

Figura 70. Aquí ya no dice "Enviar a la Papelera" sino "Eliminar"; además, el dibujo es distinto al anterior.

¿Cómo recuperar lo que está en la Papelera?

Primero, a modo de ejemplo, **eliminemos** dos archivos de la carpeta *Mis Documentos*: **Prueba1.mdb** y **Teléfono.ppt** (ustedes háganlo con cualquiera que tengan a mano).

Antes que nada habrá que seleccionarlos, y después de la **Barra de herramientas** cliquear en el botón **Eliminar** (por elegir un método), tal como vemos en la **Figura 71.** A la pregunta de confirmación que aparecerá le responderemos que **Sí.**

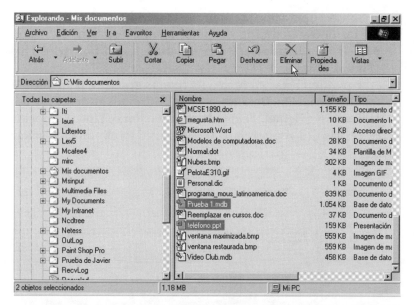

Figura 71. *Para poder eliminarlos al mismo tiempo habrá que tener ambos seleccionados.*

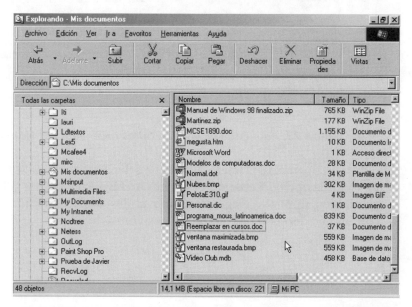

Figura 72. *Los archivos eliminados ya no están más en esta carpeta.*

Administración de archivos

3

Para **recuperarlos** (restaurarlos) de la papelera, y que vuelvan a estar en el lugar donde originariamente estaban, habrá que **posicionarse sobre la papelera** con un clic y luego **buscarlos** en su interior (**Figura 73**).

Se pueden listar en forma de **Íconos grandes**, **pequeños**, etc. La ventaja de verlos en **Detalles** es que podremos ordenarlos por **Nombre, Ubicación original, Fecha de eliminación** o **Tipo**. La opción de **Fecha** es la más útil si queremos recuperar algo **eliminado recientemente**.

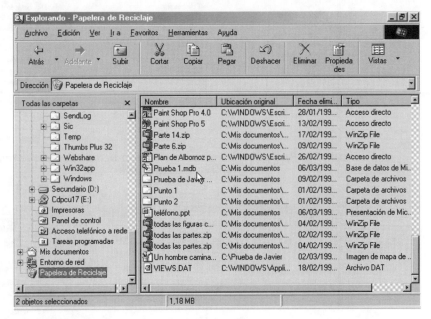

*Figura 73. Aquí están en vista **Detalles** ordenados por **Nombre**.*

Para recuperarlos, primero habrá que seleccionarlos; una vez hecho esto, elegir la opción **Restaurar** del menú **Archivo**, tal como en la **Figura 74**.

También se puede elegir **Restaurar** al desplegar el menú contextual con un clic derecho del mouse sobre alguno de ellos.

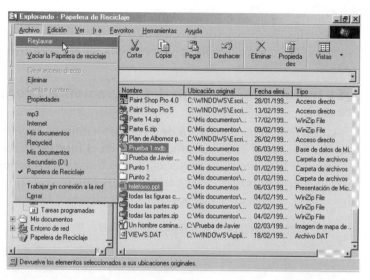

Figura 74. *Apenas seleccionemos esta opción, los archivos volverán a la carpeta donde estaban originalmente, en este caso a Mis Documentos.*

Vaciar la Papelera

Es bastante sencillo hacerlo: trabajando **dentro** de la **Papelera**, ir al menú Archivo y cliquear sobre la opción **Vaciar la Papelera de Reciclaje.** Todo lo que haya en su interior se eliminará en forma definitiva, y no habrá forma de recuperarlo. Igualmente, como siempre pasa con este tipo de operaciones, antes aparecerá un cartel para que la confirmemos.

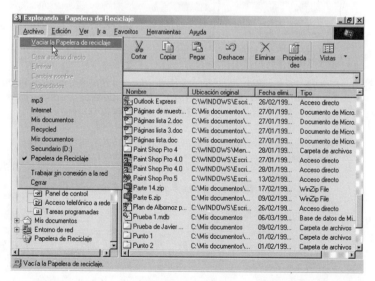

Figura 75. *Notaremos que al vaciarla se incrementará el espacio libre en el disco.*

Administración de archivos

3

Cuando la papelera tiene algo en su interior, el tachito aparece lleno de papeles, pero cuando la vaciemos ya no habrá ninguno. Lo notaremos mejor cuando nos fijemos sobre ella en el **Escritorio**.

¿Se puede eliminar algo definitivamente y conservar el resto?

Así es. Simplemente habrá que **volver a eliminar** aquello que no queremos más, pero esta vez posicionados **en el interior** de la Papelera.

Primero hay que seleccionar el/los archivo/s y/o carpeta/s, y presionar el botón **Eliminar** de la barra de herramientas. También podremos hacerlo con cualquiera de los otros métodos que hemos visto.

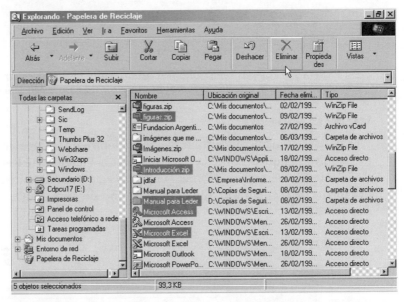

***Figura 76.** La eliminación será definitiva. La diferencia es que ahora estamos eliminando desde "adentro" de la papelera: observen qué indica la barra de dirección.*

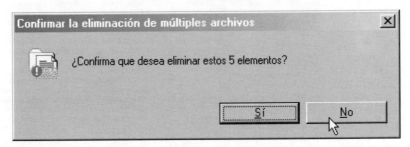

***Figura 77.** La advertencia, como en el caso del disquete, ya no es la misma .*

ACCESOS DIRECTOS

Más de una vez, recorrer todo el camino de **Inicio — Programas —** etc. nos pondrá los pelos de punta. Aquí veremos una manera de acceder más rápido a cualquier programa.

¿Qué son? ¿Cómo los identifico?

Los programas están compuestos generalmente por varios archivos, pero hay uno que es el encargado de hacer funcionar el resto (de coordinarlos). Se dice que éste es el archivo **ejecutable** del programa.

La extensión de los archivos ejecutables es .EXE o .COM y en el Explorador se ven como archivos del tipo *Aplicación* (recuerden que el tipo es una descripción del archivo que se toma a partir de su extensión).

En el hipotético caso de que no existiera el menú **Inicio** y solamente tuviésemos el **Explorador de Windows** como única herramienta, para **Cargar** cada programa habría que **Buscar** dentro de su **carpeta** correspondiente el **archivo ejecutable**, y una vez que lo encontramos, hacer **doble clic** sobre él para así finalmente poder ingresar (por ejemplo, al Word)

Este proceso sumamente **dificultoso**; no sólo es incómodo, además hay que **saber** en qué carpeta está almacenado cada programa, cosa que costaría bastante aprender y recordar.

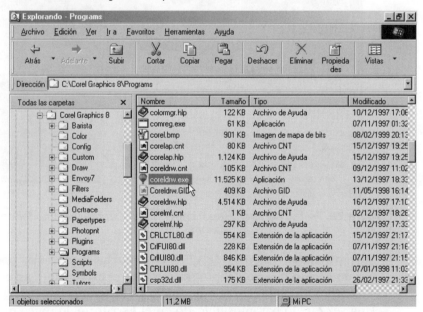

Figura 78. *Haciendo doble clic aquí ingresaríamos al programa de diseño gráfico CorelDraw! 8.0*

Afortunadamente existe el menú **Inicio**. Los íconos que vemos en él son en realidad **Accesos directos** que buscan por nosotros ese archivo ejecutable (que ya sabe dónde está)y hacen un doble clic imaginario que nos permitirá **ingresar** finalmente al programa que corresponda.

Cada vez que **instalamos** un programa para Windows, automáticamente se crea un ícono de **acceso directo** en el menú **Inicio**.

Generalmente los íconos están ubicados dentro de **carpetas** (con el nombre del programa al que pertenecen) a fin de que no se mezclen unos con otros. Por ejemplo, en mi computadora todos los íconos de acceso directo de los programas pertenecientes al Paquete Office (Word, Excel, PowerPoint, Access, etc.) están en el menú **Inicio — Programas** dentro de una carpeta que se llama **Office ´97 (Figura 79)**.

El nombre de esa carpeta lo decidí en el momento de la instalación, aunque si los hubiese puesto en otra, igual hubiera podido cambiarlos de lugar, como veremos más adelante.

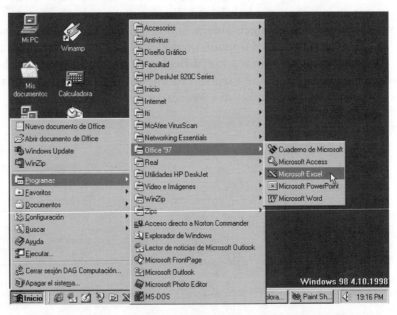

***Figura 79.** Preferí agrupar estos íconos en una carpeta, para poder encontrarlos más fácilmente.*

Si ingresamos a alguno de ellos **con mucha frecuencia**, podremos crear un **acceso directo** del programa sobre el **Escritorio**, y así evitar hacer siempre todo el recorrido de **Inicio — Programas —** etc.

Una vez que lo hayamos ubicado en el **Escritorio**, lo único que debemos que hacer para ingresar a ese programa será un **doble clic** sobre el ícono de **Acceso directo**. Simple y rápido.

Los accesos directos que están en el escritorio se identifican con una **flechita** que tienen en su **esquina inferior izquierda**. Los que **no la tienen** son elementos del **sistema**, y no conviene (o a veces no se puede) quitarlos de donde están (Ej.: Mi PC, Mis Documentos, Papelera). En la **Figura 80** podemos ver ambas cosas.

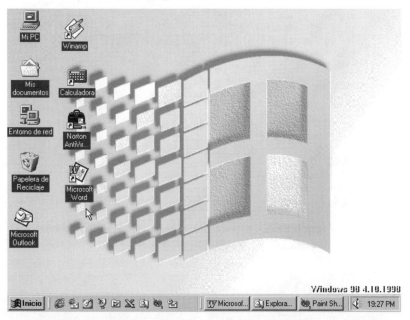

Figura 80. Winamp, Microsoft Word, Norton Antivirus y Calculadora *son accesos directos. Sólo hay que hacer doble clic en ellos para poder ingresar.*

Podemos crear sobre el **Escritorio** toda la cantidad de accesos directos que creamos conveniente. Hay gente que lo tiene repleto con los programas que más utiliza.

¿Cómo se crean en el escritorio?

La forma más sencilla de enviar al **Escritorio** una copia de un **Acceso directo** que está en el menú **Inicio** es presionar el **botón derecho** del mouse **sobre** el **ícono** que deseemos, seleccionar la opción **Enviar a...**, y luego, en la ventana que aparece, elegir **Escritorio como acceso directo**.

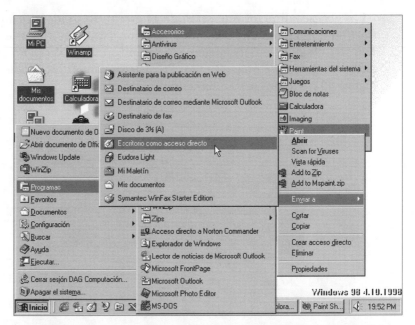

Figura 81. *En este caso enviaremos al **Escritorio** una copia del acceso directo del Paint.*

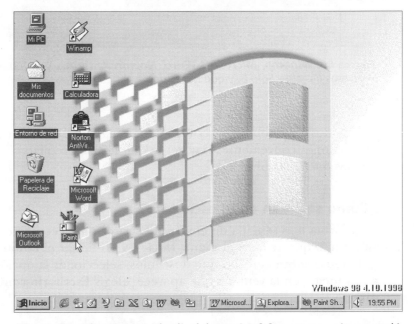

Figura 82. *¡Shazzamm! Al salir del menú **Inicio** veremos cómo quedó nuestro nuevo acceso.*

¿Y de qué más podemos crear accesos directos?

En realidad se pueden crear accesos directos de **absolutamente todo** lo que haya en nuestra PC. Para que se entiendan mejor, el siguiente es un ejemplo de lo que hice en **mi computadora**:

Constantemente abro archivos del disco rígido que están dentro de la carpeta *Facultad,* ubicada a su vez dentro de *Mis Documentos.*

Lo que más me convino hacer, para no perder tiempo buscando esa carpeta con el Explorador de Windows, fue crear un acceso directo de ella en el **Escritorio**, para así poder **abrirla** desde esa ubicación con un sencillo doble clic.

Tuve que seguir todos estos pasos para lograrlo: primero busqué la carpeta con el Explorador de Windows, después la cliqueé el botón derecho del mouse, y allí elegí, como antes, la opción **Enviar a... Escritorio como acceso directo (Figura 83).**

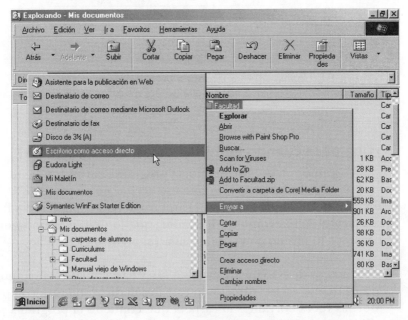

Figura 83. *El método que se aplica siempre es el mismo, no importa cuál sea el elemento del que estamos creando un acceso.*

Ahora, cada vez que quiero ingresar a la carpeta sólo tengo que hacer doble clic sobre el **acceso directo** de esa carpeta que está en el **Escritorio (Figura 84).** Cuando la abro, veo todo su contenido en una ventana.

También podría haber hecho un **acceso directo** de un **archivo** que utilizo con mucha frecuencia.

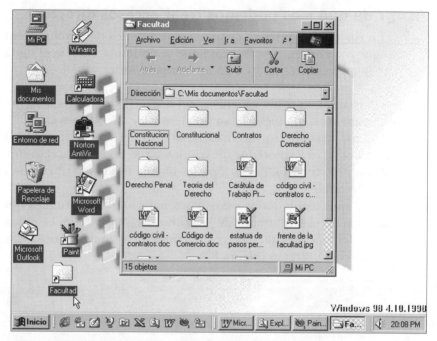

Figura 84. *Una vez que se ingresa a la carpeta a través del acceso directo, se puede borrar, copiar o abrir a cualquiera de estos archivos y sub-carpetas.*

¿Qué pasa cuando eliminamos un acceso directo?

Si borramos un acceso directo, al **programa** correspondiente **no le pasará absolutamente nada**, ya que ese acceso **no es parte de él**: la única función que cumple es **buscar** el archivo del tipo aplicación y hacer que se **ejecute**. Actúa como un **buscador**; que lo quitemos no significa que hagamos lo mismo con el programa (el archivo ejecutable).

Un acceso directo puede existir o no, y hasta puede ocurrir que el programa de ese acceso directo no esté instalado en nuestra computadora. Muchas veces borramos la carpeta que contiene el programa pero nos olvidamos de borrar el acceso (que ya no sirve más).

Cuando es así, si hacemos un doble clic sobre el acceso directoque quedó, éste empezará a buscar al archivo ejecutable **(Figura 85)**, y seguirá buscándolo continuamente.

Atención: en el caso de la carpeta *Facultad*, una vez abierta mediante el acceso, los archivos que aparecen en la ventana son los originales, y no accesos directos a ellos.

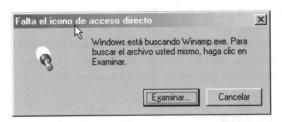

Figura 85. En su afán de encontrarlo, el acceso sugerirá archivos "parecidos" al programa que antes ejecutaba. Lo mejor será Cancelar la operación.

¿EXPLORADOR DE WINDOWS O MI PC?

Todo lo que vimos en este capítulo se puede hacer de la misma manera al ingresar con un doble clic en el ícono **Mi PC** que está en el **Escritorio**.

Desde aquí se podrán recorrer todas las unidades con sus distintas carpetas, y también las configuraciones de impresora, el **Panel de Control**, etc.

A mucha gente le gusta trabajar desde este lugar. La desventaja es que por cada elemento en el que ingresamos **abre una ventana diferente**; así, cuando terminamos de hacer algo, tenemos que ir **cerrando** cada una de ellas, y todo se hace muy lento e incómodo.

Por ejemplo, si ingresáramos en la Unidad C: dentro de la carpeta *Antivirus*, quedaría como en la **Figura 86**.

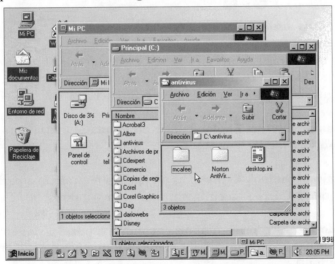

Figura 86. Una vez que se termine de usar esta carpeta, habrá que cerrarla para poder ver mejor las otras. También se puede maximizar y minimizar cada una de las ventanas.

Personalmente prefiero tener a mano un acceso directo del Explorador de Windows y listo.

LA BARRA DE INICIO RÁPIDO

Si algo acelera nuestro trabajo con la PC, bienvenido sea. Y como esta barra a veces resulta mucho mejor que los accesos directos del Escritorio, convendrá aprender a sacarle jugo.

¿Dónde está?

La incorporación de las **Barras de herramientas** en la **Barra de tareas** (medio trabalenguas) es una novedad de Windows ´98, ya que en la versión ´95 no existían (a menos que se tuviera el programa Internet Explorer 4.0 instalado).

La mejor es la de *Inicio Rápido*, que tiene cuatro botones, y aparece generalmente al costado derecho del Botón Inicio **(Guía visual 2)**.

 Guía visual - 3 - Barra de inicio rápido

Guía visual 3. *Los botones se pueden cambiar de lugar, agregar o quitar.*

De entrada aparecen cuatro. Para entender bien lo que hace cada uno, lo mejor será leer la sección sobre **Internet** que figura en este libro. Igualmente, aquí va una breve referencia.

❶ **Iniciar Internet Explorer**: este programa se utiliza para navegar por la World Wide Web (WWW)

❷ **Iniciar Outlook Express**: es un excelente programa para la administración de Correo Electrónico; viene con Windows ´98

❸ **Mostrar escritorio**: minimiza de una vez todas las ventanas; así podemos trabajar tranquilos con los elementos que hay en el escritorio (¡bastante útil!)

❹ **Ver canales**: muestra una barra con canales de información (no son de televisión) de donde se pueden obtener datos a través de Internet en el momento que queramos.

Si la barra **no aparece** (puede ser que la hayamos quitado), podemos volver a ponerla presionando el **botón derecho** en la **Barra de tareas,** en un lugar donde **no haya nada**, y allí **seleccionarla** en el menú contextual desde la opción **Barra de herramientas (Figura 87)**.

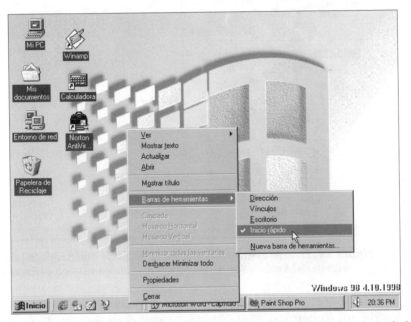

Figura 87. *Podemos cliquear con el botón derecho en cualquier parte de la Barra, siempre que no sea sobre un botón.*

El Inicio rápido no sólo es conveniente por los botones que presenta, sino también porque podemos **agregarle** los **accesos directos** que se nos **ocurran**.

La ventaja consiste en que, al estar ubicados en este lugar, ya no tendremos que hacer **doble clic** para ingresar en ellos, porque con **uno solo** alcanza. Además, los tenemos más a la vista que cualquier otro elemento.

Para **agregar** un **acceso directo**, simplemente tendremos que **arrastrarlo desde el Escritorio,** y colocarlo entre los botones de la barra que queramos. Lo más práctico será crear todos los accesos que necesitemos sobre el **Escritorio** y luego arrastrarlos uno por uno sobre la Barra. Veremos que en el momento de ubicarlos aparece algo así como una **I** negra, que indica dónde quedará ubicado el ícono **(Figura 88)**.

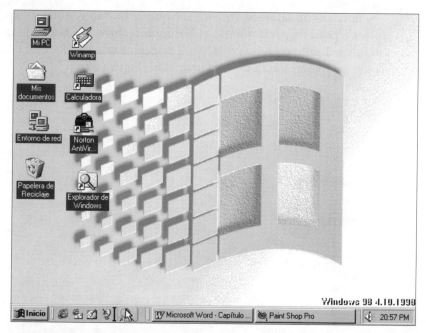

Figura 88. *En este caso, crearemos en la Barra de Inicio rápido una copia del acceso del Explorador de Windows que ahora está en el **Escritorio**.*

Lo que habrá aquí será una **copia** del acceso que estaba en el **Escritorio** por lo tanto, si a este último, que ahora **sobra**, no lo queremos más en el **Escritorio**, simplemente lo **borramos** con cualquiera de los métodos que ya conocemos.

Algo distinto sucede cuando tomamos (cliqueamos y mantenemos presionado) un ícono **de la Barra** y lo **arrastramos** hacia el **Escritorio**. A diferencia de lo anterior, el ícono de la Barra se moverá, por lo tanto el original dejará de estar allí y pasará a su nueva ubicación.

Además de los cuatro botones estándar, conviene tener todos los accesos de los programas que utilicemos con **más frecuencia**. En la **Figura 89** vemos un ejemplo (ojo, los íconos de Microsoft Word y Paint Shop Pro, ubicados más a la derecha, son dos programas cargados que estoy utilizando en el preciso momento en que tipeo el libro, y no botones de acceso directo).

Figura 89. *Explorador de Windows, Word, Excel y Outlook 98 (que no es igual que el Express): los cuatro programas que más uso al trabajar con mi computadora. Cada uno puede poner los que necesite.*

Si no vemos alguno de los botones, es posible que haya que cambiar el ancho de la barra. Esto se hace yendo a la **división** que hay entre un sector y otro **(Figura 90)** y **moviendo** el mouse hacia la **derecha** (manteniendo presionado el botón izquierdo, obviamente) cuando aparece la **flechita doble.**

También se puede cambiar de lugar; como sucede con casi todos los elementos, es cien por ciento configurable.

Existen otras **Barras de herramientas** más (Vínculos, Dirección y Escritorio), pero la **más útil e**s la de Inicio rápido.

Figura 90. *Si aparece el triangulito negro sobre la derecha, no estamos viendo todos los botones que hay.*

CÓMO CAMBIAR LA ORGANIZACIÓN DEL MENÚ INICIO

Más de una vez necesitaremos agrupar los íconos en una carpeta determinada, cambiar el nombre de un elemento, borrar lo que no usamos, etc.

Hay un método ideal para llevar a cabo todas estas acciones: en vez de presionar el botón izquierdo del mouse, como lo hacíamos hasta ahora, presionaremos el **botón derecho** sobre el menú **Inicio**.

Se desplegará un menú como el de la **Figura 91**, donde seleccionaremos la opción **Abrir**. Aparecerá el menú **Inicio**, pero esta vez en forma de ventana **(Figura 92)** y no como estamos habituados a verlo.

Trabajar de esta forma tiene grandes ventajas para la organización, ya que podemos crear carpetas, copiar, cortar y realizar todas aquellas tareas de administración que hemos aprendido hasta ahora.

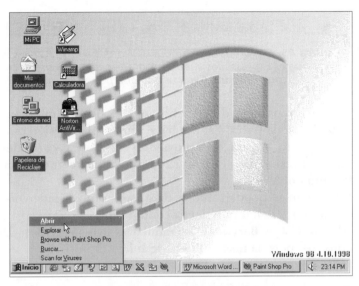

Figura 91. *Seguramente en sus casas tendrán solamente tres opciones:*
***Abrir, Explorar** y **Buscar**.*

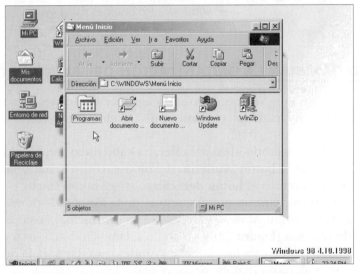

Figura 92. *Ahora podremos ingresar a cualquier elemento del menú*
con un doble clic.

Nuestro ejemplo para practicar será un programa llamado *Microsoft Photo Editor*, que aparece apenas ingresamos a **Programas** dentro del menú **Inicio (Figura 93)**. La idea es que ubiquemos ese acceso directo en la carpeta *Diseño Gráfico*, que es donde debería estar, junto con los que son de su mismo estilo.

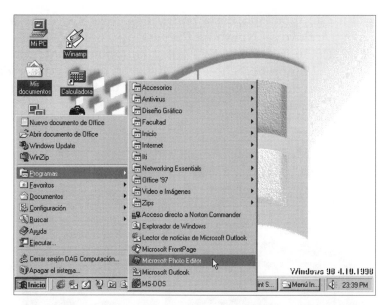

Figura 93. *Así es como veíamos normalmente el **Menú Inicio**.*

Para hacerlo, una vez que hayamos **abierto** el menú **Inicio** con el **botón derecho** del mouse, tal como vimos **anteriormente**, habrá que ingresar con un doble clic a **Programas**. Aparecerá la ventana correspondiente donde seleccionaremos el ícono; presionando el botón derecho sobre él, lo **cortamos (Figura 94)**.

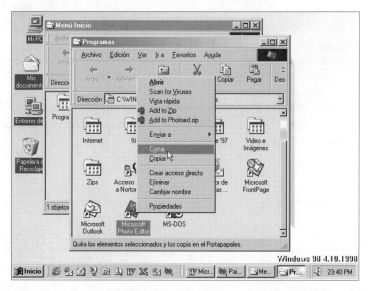

Figura 94. *También se pueden utilizar los botones **Cortar**, **Copiar** y **Pegar** de la Barra de herramientas; es lo mismo.*

En este momento hasta podríamos **crear** una **carpeta** si quisiéramos (**Archivo — Nuevo — Carpeta**), pero como ya sabemos donde ubicarlo, ingresaremos en *Diseño Gráfico* con un doble clic. Ahora, tocando el botón derecho en un lugar en que no haya nada (o desde el botón correspondiente de la **Barra de herramientas**) elegiremos **Pegar (Figura 95)**

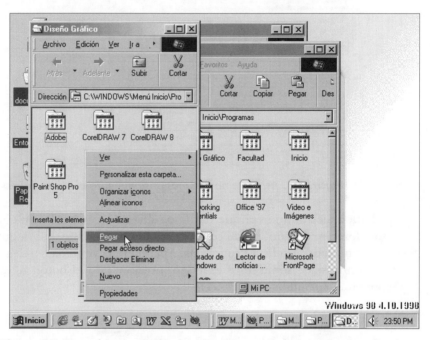

Figura 95. *Se podría maximizar la ventana para trabajar más cómodos. Les recomiendo que lo hagan para crear una nueva carpeta, porque de otro modo, elegir esas opciones se complica. Yo sé lo que les digo...*

Listo, ya está. Ahora veremos el programa *Microsoft Photo Editor* dentro de la carpeta *Diseño Gráfico* al ingresar normalmente al menú **Inicio**, tal como se ve en la **Figura 96**.

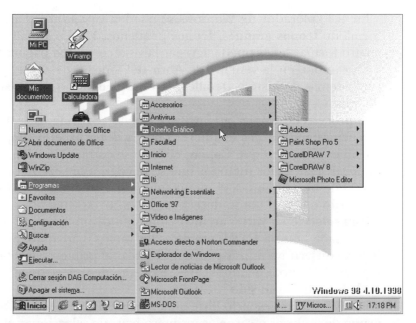

Figura 96. *Con lo que acabamos de ver podemos personalizar nuestro menú y cambiar su diseño.*

RESUMEN:

Las carpetas se utilizan para organizar los archivos en disquetes, discos rígidos o cualquier otro medio de almacenamiento. La idea es que no se mezclen unos con otros cuando son elementos diferentes. No está bien juntar los archivos de un jueguito con las **cartas** que escribimos en el **trabajo**.

Se puede crear una carpeta desde el Explorador de Windows. Siempre se utiliza el mismo método: **Archivo — Nuevo — Carpeta**; lo único que varía es el **lugar** donde nos **"paramos"** para crearla, que es justamente aquél de donde se va a desprender.

También se pueden crear desde la ventana **Guardar como...**, que resulta práctico si estamos por guardar un archivo y descubrimos que todavía no existe la carpeta donde queremos guardarlo.

Para **Guardar** un archivo en una carpeta hay que **ingresar** primero en ella con un doble clic. Si está dentro de otra que, a su vez, está incluida en otra más, tendremos que recorrer todo el **camino** hasta llegar a la deseada.

Para **Abrir** un archivo que está en una carpeta, primero hay que **entrar** a la que corresponde; una vez dentro, marcarlo y seleccionar **Abrir**.

En el Explorador de Windows se pueden visualizar los archivos en forma de **Íconos grandes, Íconos pequeños, Lista o Detalles**; a estas cuatro formas se les puede agregar la vista **como una página Web**.

En cambio, en la ventana de **Abrir** del Word o del Excel podemos ver (además de **Lista** o **Detalles**) sus **Propiedades** o una **Vista previa** del mismo.

El proceso de **Copiar** archivos o carpetas se divide básicamente en dos etapas: indicar *qué* se quiere copiar, y *dónde* hacerlo (**Pegar**). **Cortar** no es lo mismo que **Copiar**; cuando se corta, el archivo se **mueve** de lugar. Hay varios métodos que se pueden usar: los botones de las barras de herramientas, el menú contextual, y arrastrar con el botón izquierdo o con el botón derecho.

Para **seleccionar** varios archivos al mismo tiempo hay que mantener presionada la tecla **CTRL** mientras los vamos marcando. Si están en forma consecutiva quizás convenga marcar al primero, apretar **Shift** y marcar al último. En ambos casos se puede "des-seleccionar" cualquiera de los que hayan sido incluidos.

Para ver cuánto **espacio libre** queda en un disco, o cuánto ocupa un grupo de archivos o carpetas, primero hay que seleccionar el elemento y luego ir a la opción **Propiedades** del menú contextual (que se despliega con el botón derecho del mouse).

Cuando se **borra** un archivo, va a parar a la **Papelera de Reciclaje**; desde ahí se lo puede **Recuperar** o **eliminar definitivamente**. Como los archivos que están allí siguen ocupando el mismo espacio físico en el disco rígido, lo conveniente es que de vez en cuando la **vaciemos**.

Para acceder más rápido a un programa, lo ideal es crear un **acceso directo** en el **Escritorio**, así nos evitaremos tener que entrar constantemente en el menú **Inicio**.

Otra posibilidad aún mejor es la de usar la **Barra de Herramientas** de **Inicio rápido**. En ella sólo tendremos que hacer **un solo clic** sobre los accesos que tenga.

Para cambiar la organización del menú **Inicio** sólo hay que cliquear con el **botón derecho** sobre esta palabra, abrir y acceder a las distintas carpetas y organizarlas a nuestro gusto cortando y copiando sus accesos.

EJERCICIOS

Verdadero o Falso

1. Al poner la vista **como una página Web**, los íconos de los archivos se ven mucho más grandes.
2. Una carpeta puede contener archivos y nada más.
3. La raíz está dentro de la primera carpeta que creamos, y se representa gráficamente con el signo igual.
4. No se pueden poner en la misma carpeta dos archivos con el mismo nombre y extensión.
5. Al hacer dos clics pausados (no doble clic) sobre una carpeta, podemos cambiar su nombre.
6. Es posible seleccionar un archivo, copiarlo, crear una carpeta y luego pegarlo en su interior.
7. Si arrastramos un archivo de una carpeta a otra dentro de la misma unidad, ese archivo se copia.
8. Al hacer doble clic sobre un archivo con la extensión .DOC, se cargará Word con este archivo ya abierto.
9. Cuando borramos una carpeta o un acceso directo, se eliminan definitivamente sin pasar por la Papelera.
10. Si borramos un acceso directo, el programa del que se trate se elimina junto con su acceso.

Completar los espacios en blanco

1. El lugar dentro del Explorador de Windows que siempre nos indica en qué carpeta estamos trabajando se llama **Barra de** _____.
2. El único fin de las carpetas es el de _____ los archivos.
3. Para que un archivo se guarde en una carpeta, primero hay que pararse _____ de ella.
4. Todo lo que se copia permanece en el _____ para luego ser pegado.
5. Si al tener varios archivos seleccionados cliqueamos en cualquier otro lugar, la selección se _____ .
6. Para recuperar a un archivo que está en la **Papelera de Reciclaje**, luego de seleccionarlo, dentro del menú **Archivo** hay que elegir la opción _____.

Respuestas de *Verdadero y Falso*

1. Falso. Pasar a **como una página Web** no implica que se tenga que usar la vista **Íconos grandes**, sino que se puede complementar con cualquier otro tipo de vista, como por ejemplo **Detalles**.
2. Falso. También puede contener más sub-carpetas (con otros archivos y subcarpetas en su interior).
3. Falso. La raíz está en el principio del disco, donde no existe ninguna carpeta, y además se representa gráficamente con una barra invertida (\).
4. Verdadero. No hay forma de que dos archivos iguales coexistan en el mismo lugar; a lo sumo tendrán que estar en diferentes carpetas.
5. Verdadero. Si hacemos un clic, una pausa y otro clic, pasará eso.
6. Verdadero. No es necesario pegar en forma inmediata; en el intervalo se pueden realizar otras acciones, siempre que no cortemos o copiemos nada nuevo, ni apaguemos la PC.
7. Falso. Si es dentro de la misma unidad, se mueve (corta y pega).
8. Verdadero. Al hacer un doble clic sobre un archivo, el sistema operativo busca el programa con el que fue creado y lo abre automáticamente.
9. Falso. Para ambos es lo mismo que con los archivos, van a parar a la Papelera, desde donde se pueden recuperar.
10. Falso. Que se borre un acceso no significa que se borre el programa.

Respuestas de *Completar*:

1. Dirección
2. Organizar
3. Dentro
4. Portapapeles
5. Pierde
6. Restaurar

CONFIGURACIÓN DE WINDOWS

Tiempo estimado de lectura y práctica:
1 hora y 45 minutos

Configuración de Windows

*En este capítulo aprenderemos a cambiar las
principales características de Windows para
adecuarlo a nuestro propio gusto.*

EL PANEL DE CONTROL

Si vamos a **Inicio - Configuración - Panel de Control** veremos que aparece una ventana repleta de íconos **(Figura 1)**. Todo lo que hay allí es lo que podremos **configurar** (cambiar) en Windows.

Nosotros nos concentraremos en cuatro de esos elementos, que son los más comunes: **Pantalla**, **Fecha y hora**, **Mouse** y **Teclado**. El resto sólo nos servirá si tenemos un conocimiento más avanzado; el objetivo de este libro no es meterse en ese tipo de configuraciones.

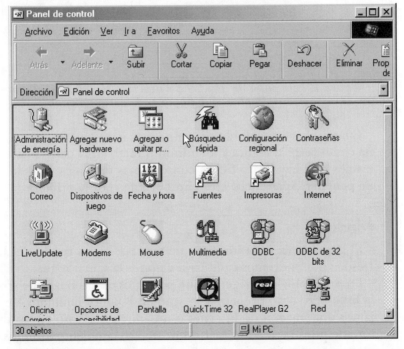

Figura 1. *No nos olvidemos de usar la barra de desplazamiento si no vemos
todos los íconos. Aquí también se pueden usar los distintos tipos de vistas:
Íconos grandes, pequeños, etc.*

LA PANTALLA

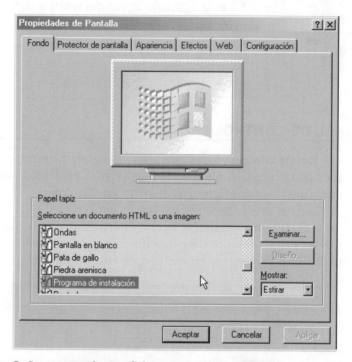

Figura 2. *Para pasar de una ficha a otra sólo tenemos que hacer clic en su nombre, que figura en la parte superior.*

Cuando hacemos doble clic sobre este ícono ingresamos a una ventana como la de la **Figura 2**. Si miramos bien, en la parte superior encontramos que hay varias **fichas** con distintas **opciones** (**Fondo**, **Protector de pantalla**, **Apariencia**, etc.). Empecemos por **la primera**.

Fondo

El **papel tapiz** es la **imagen** que aparece como **fondo** del **Escritorio**. Desde aquí podremos cambiarla y poner la que nos guste.

En principio, las imágenes que podemos usar son las que aparecen en la lista, pero a no preocuparse, que no estamos limitados a ellas. Si bajamos una imagen de Internet o un amigo nos pasó en un disquete la foto de nuestra/o actriz/actor favorita/o, también podremos colocarla en nuestro Escritorio.

Esas imágenes que aparecen en la lista son archivos con la extensión **.BMP** que están almacenados en la carpeta **Windows** de la unidad **C**. Por lo tanto, si tenemos una imagen con esa extensión, y queremos que siempre figure en la lista, lo ideal será **copiarla** en la ubicación recién mencionada, porque si la ponemos en otra carpeta, habrá que hacer todo un procedimiento para buscarla cada vez que deseemos usarla.

Arriba hay una "simulación" de un monitor que muestra como quedaría la imagen seleccionada, aunque no hay que fiarse mucho, porque realmente se aprecia en todo su esplendor cuando la vemos colocada en el **Escritorio**.

Verán que muchas de ellas aparecen como un cuadradito en el **centro de la pantalla.** Les explico, si repetimos en la pantalla varias veces la imagen diminuta de un ladrillo, terminaremos formando una pared. Repetirla varias veces es colocarla en forma de **Mosaico**. Para cambiar entre las tres formas de ver una imagen, hay que presionar la flechita que apunta hacia abajo en la opción **Mostrar (Figura 3)**.

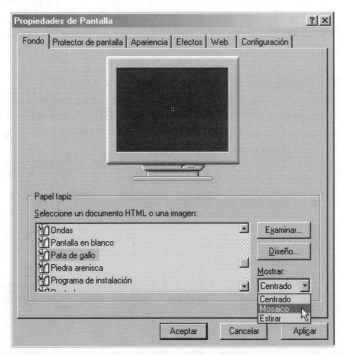

Figura 3. *El tamaño de la imagen determina cuál será la forma que elegiremos para verla mejor.*

- **Centrado:** muestra la imagen en el medio de la pantalla. Es ideal cuando se trata de una foto.
- **Mosaico:** presenta la misma imagen repetida varias veces. Se utiliza para formar una imagen más grande a partir de una pequeña (de un par de árboles se forma todo un bosque).

Configuración de Windows | 4

- **Estirar:** hace que la imagen centrada ocupe sí o sí toda la pantalla. Sirve para aquellas figuras que son bastante grandes, pero les falta un poquito para cubrir toda la pantalla.

Bueno, ya saben qué tienen que hacer con esas imágenes diminutas que pensaban que no servían para nada. Eso sí, no las estiren porque van a quedar *horribles*.

Tres botones, un problema

A la hora de **Aceptar** los cambios realizados nos encontraremos con un dilema; además de ese botón y el de **Cancelar**, que son los que habitualmente vemos en las ventanas, hay uno más: **Aplicar**.

¿Qué diferencia hay entre Aceptar y Aplicar? Simple: cuando **aceptamos**, se aplican los cambios y salimos de la ventana para trabajar con otra cosa. En cambio, cuando **aplicamos**, el cambio hace justamente eso: se aplica, pero nos **quedamos** en la **misma ventana** para poder **seguir** trabajando.

La imagen que quiero poner no está en la lista

Para poder incluirla, simplemente hay que presionar el botón que dice **Examinar...** Se abrirá una ventana parecida a la de **Abrir**. Allí deberemos buscar en las distintas unidades y carpetas hasta encontrar la imagen que deseemos utilizar (**Figura 4**).

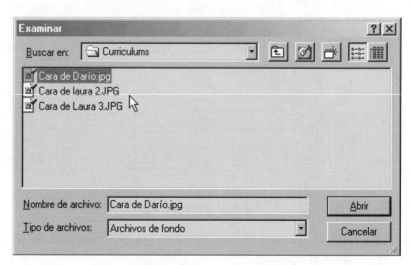

Figura 4. *También podríamos utilizar una página Web (archivos.HTM) como papel tapiz, pero para eso primero deberemos pasar a ese modo de trabajo, cosa que veremos más adelante.*

Un atajo indiscutido

La forma más **rápida** de acceder a las propiedades de **Pantalla** sin tener que hacer el caminito **Inicio — Configuración — Panel de Control**, es tocar directamente el **botón derecho** sobre el **Escritorio**, en un lugar donde no haya ningún ícono, y del menú contextual elegir **Propiedades**. Es recomendable si no queremos perder tiempo.

Protector de pantalla

El protector es una **imagen en movimiento** que aparece cuando **no usamos** la computadora por algunos minutos y desaparece automáticamente al tocar una tecla o mover el mouse.

Cuando surgieron tenían un objetivo bien definido: evitar que el monitor quedara "marcado" por una imagen que permanecía mucho tiempo en el mismo lugar. Actualmente, con las mejoras tecnológicas, a ningún monitor les pasa eso, pero son tan lindos y divertidos que la mayoría los sigue usando como "chiche" nomás.

Podemos usar varios protectores, los seleccionamos presionando la flechita que apunta hacia abajo en el sector correspondiente **(Figura 5)**. Aparecerán unos cuantos más si tenemos los Temas de Escritorio instalados (ver más adelante).

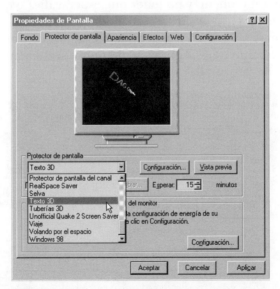

Figura 5. Con *Texto 3D* podremos hacer que gire en toda la pantalla la palabra que se nos ocurra. Podría ir un *"Boca Campeón"*...o *"River"*...cuestión de gustos, ¿no?

Configuración de Windows

4

En el sector **Esperar**, presionando la flechita que apunta hacia arriba o hacia abajo podemos configurar la **cantidad de minutos** que tienen que **transcurrir** sin tocar la computadora para que aparezca el protector. Si ponemos 1 minuto, el protector se tornará bastante molesto; lo mejor son 10 o más.

Para ver una demostración del protector a pantalla completa, hay que presionar el botón **Vista previa**. Pero si al tocar este botón volvemos a mover el mouse, el protector desaparecerá (pues habremos usado la computadora). Para no volvernos locos, hay que cliquear sobre esa opción y soltar el mouse en seguida (evitando hacer otros movimientos).

Configurando a gusto...

A todos los protectores les podemos cambiar algunas características. El problema es que como son **diferentes** entre sí, las opciones de configuración no son las mismas para todos; varían bastante entre protector y protector.

Tomemos como ejemplo el protector **Texto 3D**. Al presionar en el botón **Configuración** que está a la derecha, aparecerá una nueva ventana (**Figura 6**). Allí podremos escribir el texto que nos guste, o bien elegir que muestre la hora, determinar la velocidad a la que se moverá, el tipo de movimiento, etc.

Cuando terminamos de hacer los cambios cliqueamos en **Aceptar**; para ver como quedó y no tener que esperar diez o quince minutos sentados frente a la compu (según el tiempo que hayamos establecido), presionamos el botón **Vista previa**. Si estamos conformes, le damos **Aceptar** nuevamente (o **Aplicar**, si queremos seguir cambiando otras propiedades de la pantalla).

Figura 6. *Para las letras podemos elegir un color o una textura, y también cambiar su tipo cliqueando en* **Elegir fuente**.

Figura 7. *Así quedó el protector de mi compu después de cambiar algunas configuraciones.*

Apariencia

La apariencia es la **combinación de colores** que Windows utiliza para las **ventanas**. Si nos fijamos, en algunas máquinas veremos que la barra de título es azul, en otras verde, etc. Esto se debe a que podemos aplicar a las ventanas el color que más nos guste.

Podemos elegir entre una lista de **combinaciones estándar** (son las que ya vienen con Windows), tal como vemos en al **Figura 8**, o armar la **propia** (que lleva un poquito más de trabajo pero seguramente será con la que quedaremos más conformes).

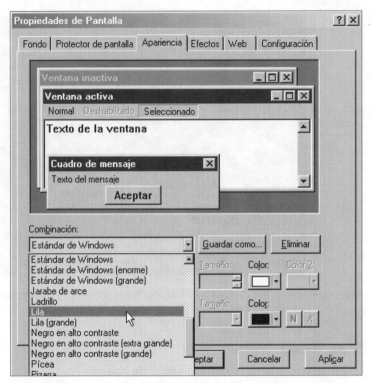

Figura 8. *Las únicas que no convienen son las que dicen* **grande** *o* **extra grande**. *Yo sé por qué se los digo...*

Si en la combinación **Verde Azulado** quisiéramos que la **Barra de título** de la ventana **activa** tenga un color determinado, primero tendremos que **seleccionarla de la muestra** que aparece arriba (lo que se ve es una imagen que demuestra como quedarán los cambios, pero no son ventanas verdaderas).

Para asegurarnos de que hicimos bien la selección, miramos en el sector **Elemento**, que indica cuál es el que marcamos. Seguidamente elegimos el segundo color **(Figura 9)**.

Figura 9. *Lo mejor es tocar en **Otros**... y elegir de una paleta de colores mucho más amplia que la que vemos aquí.*

Listo, ya hicimos un cambio. Ahora, para que el **fondo** de las ventanas y de las hojas en *Word* no cansen la vista, en lugar de blanco podríamos poner un marrón o verde clarito. Entonces marcamos esa área en la muestra y luego seleccionamos alguno de esos dos colores.

Una vez terminada nuestra combinación, lo mejor será **guardarla**, para que siempre aparezca en la lista junto con las otras. Si no la guardamos, cuando cambiemos de combinación desaparecerá, y tendremos que armarla nuevamente en caso de querer usarla.

Es fácil, sólo hay que cliquear el botón **Guardar como...** y escribir el nuevo nombre que queremos asignarle **(Figura 10)**.

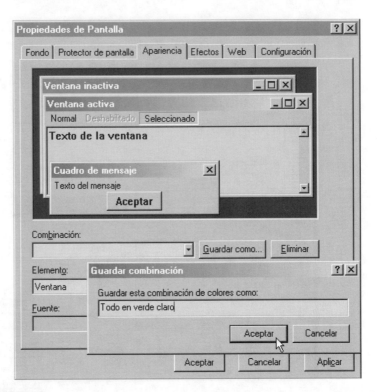

Figura 10. *No debemos ponerle a nuestra combinación el mismo nombre de una que ya existe, porque borrará la anterior y quedará únicamente la que acabamos de crear.*

Ahora saltearemos dos fichas para ir directamente a una muy importante.

Configuración

La pantalla está dividida en **puntos por pulgada**. Los puntos (pixeles) son los que forman a las imágenes; esos pixeles pueden ser desde 640 (horizontal) por 480 (vertical), 800 x 600 o mucho más, según la capacidad de la plaqueta de video instalada en nuestra PC.

Mientras **más puntos** haya, **más resolución** tendrán las **imágenes** que veamos, pero también más **chiquitas** se verán. Por eso, para trabajar con altas resoluciones lo mejor es tener un monitor de 17 pulgadas o más. Si el nuestro es de 14", lo correcto es trabajar en 640 x 480, porque de otro modo habrá que forzar demasiado la vista para poder leer algo (en síntesis, no hay que hacerse los cancheros poniendo resoluciones mayores a las que nuestras plaquetas y monitores pueden soportar).

Se preguntarán para qué existe esto. Bueno, les cuento que la mayoría de las personas que usan programas de **diseño gráfico** tienen en la pantalla muchas ventanas abiertas (las paletas de colores, los distintos tipos de pinceles, los grosores de línea, la imagen que están editando, etc.).

Si esas ventanas son muy grandes, se **superponen** unas con otras, y para poder trabajar hay que ir **moviéndolas** a cada rato. Para evitarlo lo que conviene hacer es subir la resolución de pantalla (colocando 1024 x 768, por ejemplo) logrando así que todas las ventanas aparezcan más pequeñas, y de esta manera trabajar mucho más cómodos.

Es simple hacerlo, ya que solo habrá que tomar al **indicador** y moverlo hacia la derecha hasta llegar a la resolución deseada, como en la **figura 11**.

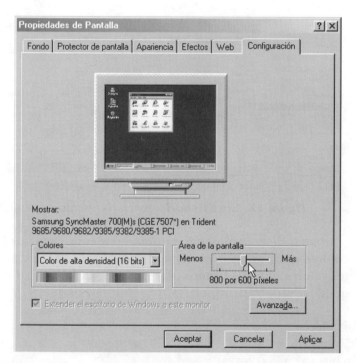

Figura 11. *Mi plaqueta sólo soporta hasta 1024 x 768. Una de mejor calidad llegaría a mucho más.*

La plaqueta de video (que es donde va conectado el monitor en la CPU) define la resolución máxima que podremos usar y la cantidad de colores que veremos al mismo tiempo. Podemos tener el mejor monitor del mundo, pero si la plaqueta es mala, sólo alcanzaremos a ver 256 colores o menos.

Para trabajar con Internet conviene tener configurada la pantalla en

800 x 600, a fin de no tener que andar moviéndonos tanto por las páginas con la barra de desplazamiento horizontal. Muchos sitios recomiendan que se cambie primero a este modo de trabajo para que puedan verse bien.

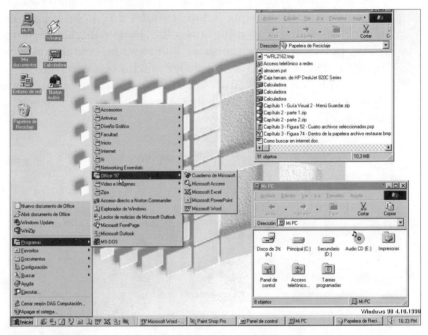

Figura 12. Este **Escritorio** tiene una resolución de 1024 x 768.

Además de la resolución, también podemos cambiar la **cantidad de colores** que veremos en el monitor **(Figura 13)**. Existen los siguientes valores, que podremos usar o no según la calidad de nuestra plaqueta:

- 16 colores
- 256 colores
- 16 bits (65.536 colores)
- 24 bits (16.000.000 de colores)
- 32 bits (más de mil millones de colores)

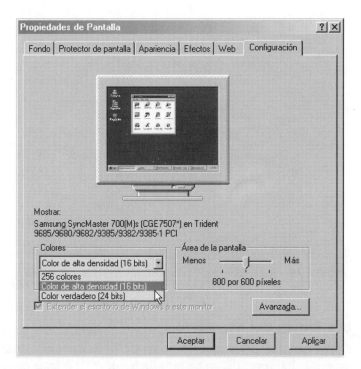

Figura 13. *Si vemos mal una foto o una gradación de colores, es probable que estemos trabajando solamente con 256 colores.*

Lo más recomendable es trabajar con no más de **24 bits**; como el ojo humano no llega a captar una cantidad mayor de colores, no tiene sentido poner más: la máquina se tornará más lenta por una diferencia que ni se llega a apreciar (a menos que sean profesionales y lo necesiten sí o sí).

Una vez hecho el cambio, al presionar **Aceptar** probablemente nos preguntará si queremos **Reiniciar** la máquina para que tome la nueva configuración, o si queremos aplicarla **directamente** sin reiniciar (**Figura 14**).

Hay que elegir la **segunda** opción; no es necesario apagar el equipo para que tome los nuevos parámetros (salvo que la máquina sufra algún problemita y no haya más remedio que hacerlo de esa manera).

Configuración de Windows 4

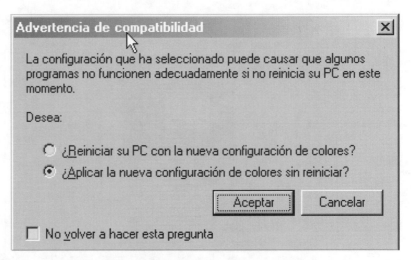

*Figura 14. Hasta convendría marcar al casillero que indica no volver a hacer
la pregunta cada vez que hagamos un cambio.*

Los Temas del escritorio

¿Por qué hay gente que como ícono de la **Papelera de Reciclaje** tiene
un pescado en vez de un tachito de basura? La respuesta es sencilla: porque está usando un **Tema del escritorio**.

Los Temas del escritorio son un **conjunto de configuraciones** (Mundo
Submarino, Ciencia, Deportes, etc.) que al aplicarlas cambian el papel
tapiz, el protector de pantalla, los íconos, la apariencia de las ventanas,
los sonidos, etc., aplicando a todos esos elementos los mismos estilos,
que varían según el tema seleccionado.

Si no están instalados, para verlos primero hay que **agregarlos** con el
CD de instalación de Windows.

Una vez agregados, aparece el ícono correspondiente en el **Panel
de Control**, y ya podemos seleccionar el tema que más nos guste (**Figura 15**).

Figura 15. *Hay una gran variedad. Lo mejor es desmarcar las opciones de cambiar íconos, punteros del mouse y sonidos.*

Se podrá optar por cambiar todas las características o sólo alguna de ellas, como el papel tapiz y los colores de las ventanas.

Si todavía no están cancheros con Windows, conviene que no los usen, ya que se les complicará bastante reconocer los elementos del sistema cuando cambien de forma.

EL MOUSE

Les dije que no me iba a olvidar de los **zurdos**. Al ingresar en este íco-no desde el **Panel de Control**, en la primera ficha encontramos una op-ción para **invertir los botones del mouse**; así, el izquierdo pasa a funcio-nar como si fuera el derecho, y el derecho como el izquierdo (especta-cular para hacerle una broma a un amigo: cada vez que toque el botón izquierdo se le desplegará el menú contextual y no entenderá nada de lo que pasa).

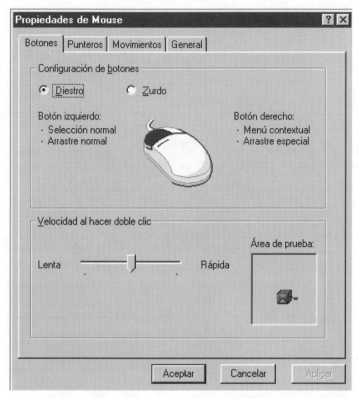

Figura 16. *Cuando hacemos bien el doble clic sobre la caja de sorpresas aparece el muñequito. Es bastante gracioso y sirve para practicar.*

También se puede regular la **velocidad** a la que hagamos el **doble clic**. Si miramos a la derecha veremos una cajita, que es donde se lo puede probar.

Si **arrastramos** el botoncito hacia la izquierda, la velocidad del doble clic será más lenta: podremos hacer un clic, una pausa y otro clic sin ningún problema, pues la máquina lo tomará como un doble clic y no como dos clics seguidos (que, como vimos en capítulos anteriores, no es lo mismo).

Si el doble clic nos cuesta bastante, lo mejor es dejar el botoncito en el medio. No conviene que hagamos el desafío de llevarlo a máxima velocidad porque de ese modo el doble clic no nos va a salir ni con un tic nervioso.

En la tercera ficha (**Movimientos**) se regula la **velocidad** a la que se **mueve la flechita**. Si cada vez que corremos el mouse dos centímetros llegamos hasta la otra punta, tenemos que entrar aquí y bajar la velocidad del puntero.

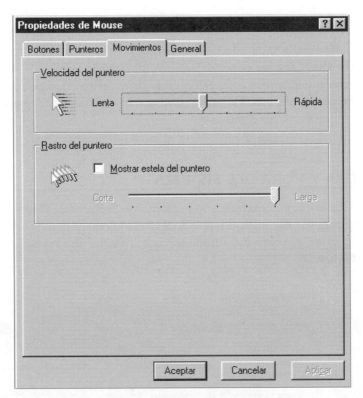

Figura 17.*Si establecemos una velocidad muy lenta para el puntero, sentiremos "pesado" el mouse .*

También hay una opción que muestra el **rastro**; cuando está marcada, se puede regular su velocidad. El rastro o estela es como una sombra que sigue al mouse. No tiene ningún sentido colocarla: si bien parece divertida, a los diez minutos se torna insoportable. Sirve solamente en las computadoras portátiles (Notebooks) que tienen pantallas con mala definición, donde cuesta encontrar la flechita.

Limpiar el mouse

Al pasar el tiempo, y con el uso diario, notaremos que el mouse ya no se mueve tan bien como antes; además, cuando queremos elegir una opción, la flechita parece como si temblara, y de vez en cuando salta de un lugar a otro.

Cuando pasa esto muchos piensan que el mouse se descompuso. Nada de eso: el problema es que está **sucio**. Pensemos que se arrastra continuamente sobre una mesa, y que por más pulcros que seamos, siempre entra algo de suciedad. Para **limpiarlo** sólo hay que abrir la tapa de la

Configuración de Windows

4

bolita, en la parte inferior del mouse (se abre girándola o a presión, según el mouse).

Al sacar la tapa y la bolita encontraremos **3 rodillos** (2 rodillos y una ruedita, para ser precisos). Con soplar no hacemos nada, ya que la mugre está adherida como una cinta finita justo en el centro de cada uno de esos rodillitos. Hay que **despegarla** con la uña (¡puaj!) o un hisopo con alcohol, no queda otra.

LA FECHA Y HORA DEL SISTEMA

La hora que aparece en el relojito de la **Barra de tareas** se puede cambiar desde ese mismo ícono o desde la barra, haciendo un doble clic justo sobre el reloj. En ambos casos aparecerá una ventana como la de la **Figura 18.**

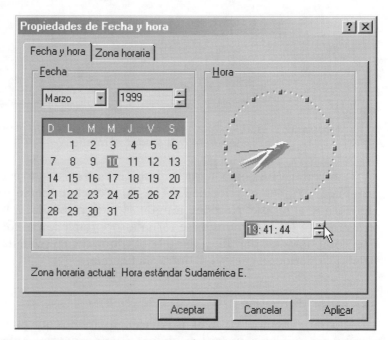

Figura 18. *También es bueno configurar en la otra ficha la zona horaria, como Buenos Aires — Georgetown.*

Para cambiar la fecha, sólo hay que indicarla desde el calendario. Para la hora, en cambio, hay que **pararse sobre la unidad** (hora, minuto o segundo) y aumentar o disminuir con las **flechitas**.

EL TECLADO

Se pueden cambiar varias cosas del teclado: por ejemplo, el tiempo que queremos que se **retrase** antes de que **repita** una letra al mantenerla presionada. A las personas acostumbradas a una máquina de escribir, que aprietan fuerte las teclas, les conviene configurar lento ese tiempo de retraso. También se puede regular la **velocidad** de repetición de las letras una vez que empiezan a hacerlo.

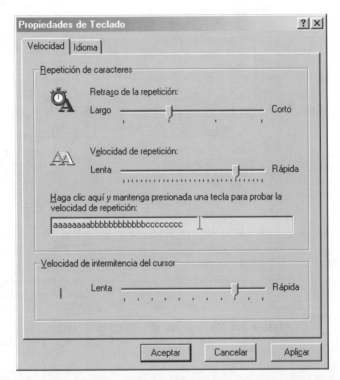

Figura 19. *Hay un sector donde, después de hacer un clic, podemos probar (manteniendo apretada una letra) como quedaron las nuevas configuraciones.*

Me interesa un poco más la segunda ficha (**Idioma**), que nos permite solucionar algunos problemas de configuración de teclado. A muchos les pasa que cuando presionan la "ñ" aparece un punto y coma, o los dos puntos y los paréntesis no están donde deberían estar, etc.

El problema es que está mal definido el **idioma** en el que están **distribuidas las teclas** (ojo, no todos lo tienen mal; esta explicación es sólo para aquellos que tengan problemas). La ubicación de las teclas cambia de idioma a idioma.

Por ejemplo, la máquina "piensa" que tenemos instalado un teclado en **inglés** (sin la ñ y con los símbolos en otro lado), cuando en realidad tenemos enchufado a la CPU uno en **español**. Así, cuando presionamos la **ñ** aparece un punto y coma, porque en el teclado en **inglés** ese **lugar** corresponde al del **punto y coma**.

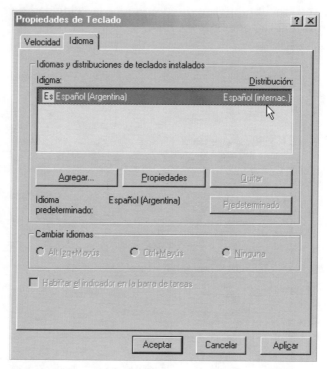

Figura 20. *No importa el idioma que figure a la izquierda: la configuración del teclado la determina la **Distribución**.*

Para cambiar la **Distribución**, habrá que tocar el botón **Propiedades**. Aparecerá una lista con una gran variedad de idiomas (**Figura 21**). Si nuestro teclado está en inglés, habrá que elegir Estados Unidos **Internacional** y no el 101, ya que éste último no nos permitirá ni siquiera poner los acentos.

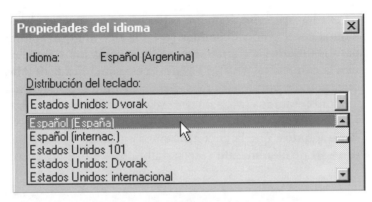

Figura 21. *Cuando hagamos algún cambio, el sistema seguramente pedirá que insertemos el CD de instalación de Windows 98, así que por las dudas conviene tenerlo a mano.*

Si está en español, las opciones se incrementan bastante, ya que nuestro teclado puede estar distribuido como:

- Español de España
- Español Internacional
- Latinoamericano

No tendremos más remedio que ir eligiendo y probando las distintas configuraciones hasta dar con la correcta, porque la verdad es que terminaríamos aburriéndonos si analizáramos en qué se diferencia cada uno con respecto a la posición de los símbolos.

LOS SONIDOS

A cada una de las **acciones** que llevemos a cabo (**Maximizar** una ventana, **Salir** de Windows, etc.) se le puede **asignar un sonido**. Para poder escucharlos, nuestra máquina debe tener una plaqueta de audio (nos damos cuenta si la tiene porque viene con los parlantes).

Una **PC multimedia** es la que cuenta con una plaqueta de sonido y una lectora de CD-ROM. No es una máquina especial ni nada; simplemente debe poseer esos dos componentes, que hoy en día casi todas traen.

Al entrar en **Sonidos** dentro del **Panel de Control** aparecerá una ventana como la de la **Figura 22** donde hay una lista con todas las acciones a las que podemos asignarle uno.

Configuración de Windows 4

Para hacerlo, simplemente seleccionamos una de ellas; luego presionamos en el botón **Examinar** (o en la flechita que apunta hacia abajo, para los usados recientemente) y buscamos un archivo de sonido (tienen la extensión **.WAV**). La ventana es parecida a la de **Abrir**, donde hay que meterse por las distintas carpetas y unidades **(Figura 23)**.

Si quisiéramos grabar nuestra voz para que nos dé la bienvenida cada vez que ingresamos a Windows, tendremos que hacerlo con la **Grabadora de sonidos**, que la encontraremos en **Inicio — Programas — Accesorios — Entretenimiento** (eso sí, habrá que tener un micrófono).

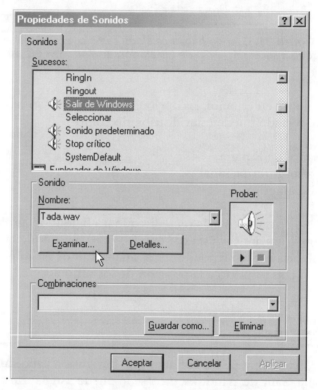

Figura 22. *Las que tienen un parlantito al costado ya tienen uno asignado (que se puede cambiar, si queremos).*

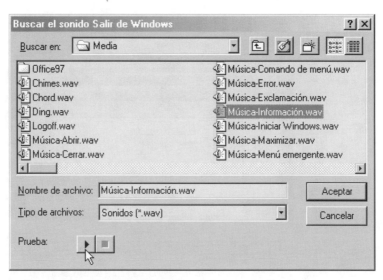

Figura 23. Presionando en el botón de **Play** se puede escuchar cómo suena antes de aplicarlo.

EL TRABAJO EN MODO WEB

Existe una forma de trabajo bastante distinta a la que usamos hasta ahora, que es el **modo Web**. La diferencia principal consiste en que este modo nos permite acceder a todo con **un solo clic**, y por lo tanto ya no habrá necesidad de doblecliquear, que tanto cuesta a todo el mundo.

Al trabajar con este modo, para **seleccionar** algún elemento ya no habrá que hacer un clic (que ahora funciona como el doble), sino simplemente **dejar el mouse** unos segundos sobre ese elemento: se hará automáticamente.

Pasar del Estilo clásico al Estilo Web

Hay varias formas de llegar hasta la ventana desde donde haremos el cambio **(Figura 24)**. La más simple es ir a **Inicio — Configuración — Opciones de carpeta**. También hubiésemos podido llegar a ese lugar presionando el botón **Opciones de carpeta** desde **Propiedades de Pantalla**, en la **ficha Web** (que antes salteamos).

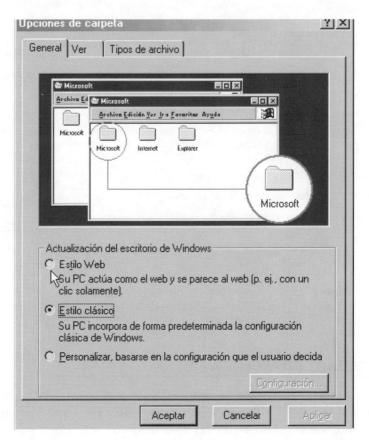

Figura 24. *Marcando la opción* ***Personalizar*** *se puede trabajar con algunas características del* ***Estilo Web****, y seguir usando el doble clic como antes.*

Si queremos pasar de un estilo a otro, simplemente presionamos en el circulito de la izquierda de la opción que corresponda. Al pasar al modo Web, el escritorio quedará como el de la **Figura 25**. Igualmente, podemos volver al Estilo clásico cuando queramos.

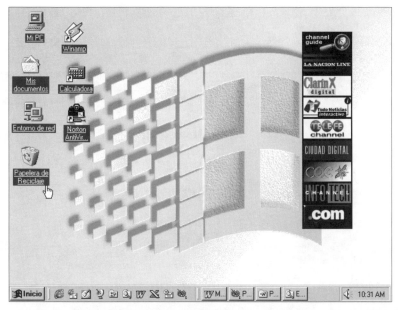

Figura 25. *Los íconos ahora están subrayados; cuando pasamos sobre ellos, en vez de la flechita se ve una mano con el dedo índice estirado. También aparece la barra de canales.*

En el costado derecho de la ventana apareció algo nuevo: la barra de canales. Sobre ella hablaremos un poquito más adelante.

En el Explorador de Windows las cosas también han cambiado. Si miramos en el sector derecho de la **Figura 26** notaremos que todas las carpetas están subrayadas. Eso significa que podremos acceder a ellas con un solo clic, en vez de usar el doble.

Sin embargo, cuando trabajemos en Word ´97 con la ventana de **Abrir**, por ejemplo, lamentablemente deberemos seguir usando el doble clic para buscar un archivo dentro de una carpeta.

Configuración de Windows 4

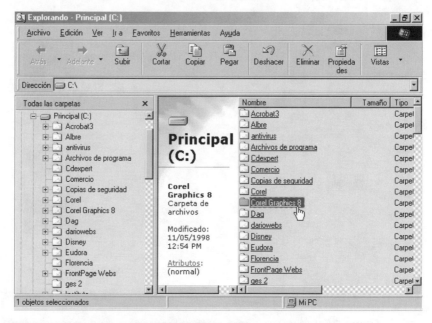

Figura 26. *También pone automáticamente la columna de vista Web, que se puede desactivar desde el botón **Vistas**.*

Para **seleccionar** un archivo con el fin de borrarlo, copiarlo, etc., sólo habrá que dejar el puntero del mouse unos segundos sobre él. Si son varios y en forma no consecutiva, **una vez que hicimos esto con el primero** podremos **cliquear** sobre el resto con la tecla **CTRL** apretada. También funcionaría si dejáramos el mouse unos segundos sobre cada uno de los que queremos incluir en la selección, con la tecla **CTRL** presionada.

Lo mismo sucede con **Shift**. Nos paramos sobre el **primero** unos segundos, dejamos **presionada** esta tecla, y nos paramos también unos segundos sobre el **último**. Todo sin hacer clic.

Después de haber hecho la selección hay que tener cuidado de dónde llevamos el **mouse**, porque si lo ponemos **sobre un archivo que no tiene nada que ver**, éste se marcará, y la selección que habíamos hecho antes se perderá (tal como si hiciéramos clic en otro lado con el método clásico).

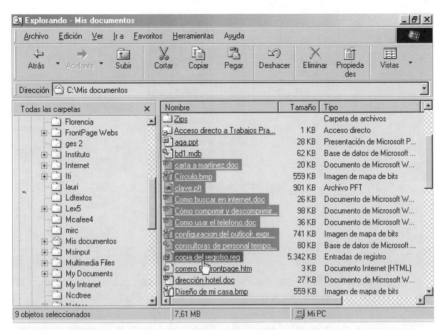

Figura 27. *Hay que tener muchísimo cuidado de no cliquear sobre los archivos seleccionados, porque al funcionar como un doble clic se abrirán todos en sus respectivos programas.*

La barra de canales

Esta barra, que apareció en el Escritorio apenas pasamos al modo Web, presenta algo denominado "Canales de Información", que no son canales de televisión (aunque figuren allí Telefé y Todo Noticias).

Funcionan de la siguiente manera: al cliquear en alguno de ellos, se bajará **vía Internet** el paquete de información que brinde ese canal. El paquete puede incluir noticias, fotos, videos, etc. En síntesis: todo lo que pueda brindar una página web de Internet se puede obtener a través de un canal (ver sobre páginas web más adelante).

En el canal de CQC encontraremos "gastadas" a los políticos, chistes, reportajes, etc; en el de Todo Noticias podremos acceder a un resumen de las noticias de toda la semana.

Configuración de Windows 4

Figura 28. *Éstos son los canales que aparecen cuando instalamos Windows con la configuración de Argentina.*

La ventaja es que los canales se pueden configurar para que a determinada hora del día bajen información. Así, por ejemplo, se podría establecer que a las ocho de la mañana (justo cuando terminamos de calentar el café) se descarguen las noticias del diario La Nación.

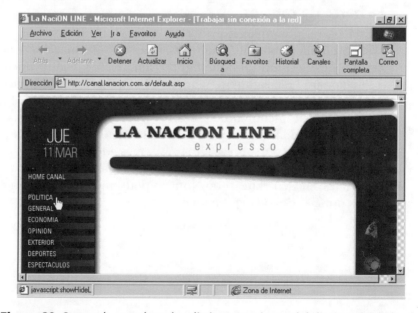

Figura 29. *Se puede acceder a las distintas secciones del diario, grabar las fotos que aparecen y hasta consultar ediciones anteriores. Adiós hemeroteca...*

Lamentablemente, para todo esto hay que estar **conectado a Internet**, lo cual implica un gasto telefónico y una demora considerable. Por suerte se están popularizando (y, por lo tanto, bajando los precios) nuevas tecnologías como el Cablemódem, que permite un acceso 200 veces más rápido que el telefónico y sin tener que usar la línea, porque viene a través del videocable.

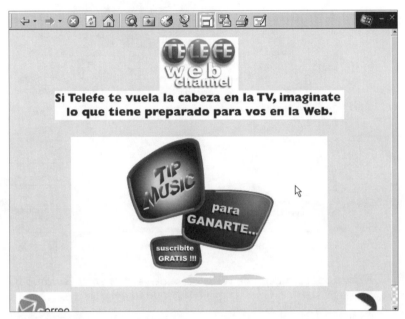

Figura 30. *Como se habrán dado cuenta, éste es el canal de Telefé*

Estas nuevas tecnologías harán que los canales sean súper populares, y que las empresas luchen para que tengamos su canal en nuestra barra.

Se pueden agregar y quitar todos los que queramos. Así, podríamos tener un canal para acceder directamente a las cotizaciones de acciones de la Bolsa de Nueva York, o a chistes de Condorito que van cambiando cada 30 segundos. Lo que sea.

Existe una Channel Guide, que es como la TV-Guía de los canales de información en todo el mundo. Entrando aquí accederemos a una página de Microsoft donde podremos buscar el canal que más nos interese. Están divididos por países y temas.

Si **no** queremos que la barra de canales aparezca en nuestro **Escritorio** porque realmente no la utilizamos y sólo molesta, habrá que entrar en las **Propiedades de Pantalla** y **des-seleccionarla** desde la ficha **Web** (**Figura 31**).

Lección 4 - Configuración de Windows

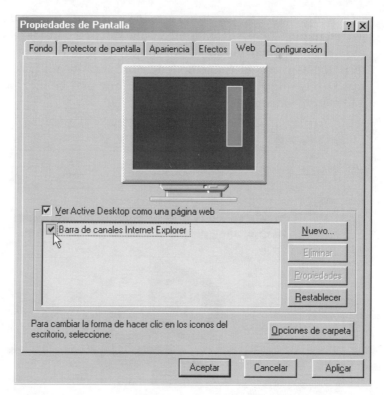

Figura 31. *Para dejar de ver la barra de canales en el Escritorio hay que sacar el tilde que tiene.*

PROBLEMAS Y SOLUCIONES

Scandisk

Más de una vez iniciamos la máquina y nos encontramos con la pantalla azul del *SCANDISK*, la cual tiene en la parte inferior una barrita amarilla que va avanzando hasta llegar al cien por ciento (si es que no se detiene en el medio haciéndonos una pregunta).

¿Por qué aparece? El motivo más probable es que hayamos **apagado** la máquina en forma incorrecta cuando aún teníamos **programas abiertos**.

¿Para qué sirve? Lo que hace esta herramienta es buscar y tratar de recuperar pedazos de archivos (para decirlo en criollo) que hayan quedado mal grabados en el disco rígido, tratando de evitar que se pierda información que no se grabó bien porque apagamos la PC indebidamente.

¿Es necesario tener que esperar a que se termine el proceso? No; si estamos seguros de que no hicimos nada grave, sino que apagamos la máquina sin ir a **Inicio — Apagar el sistema — Apagar el equipo** y ningún programa tenía archivos abiertos, no hace falta que esperemos a que termine. Tampoco hará falta cuando la PC no se haya colgado.

Además, para recuperar información hay que tener conocimientos técnicos más avanzados, por lo tanto no tiene sentido que tratemos de "meter mano" cuando en realidad después no sabremos que hacer.

¿Cómo lo anulamos? Es súper fácil, ya que si apretamos la tecla **Enter** seleccionaremos la opción **Salir**. Si *Scandisk* vuelve a aparecer cada vez que encendamos la PC, lo mejor será dejarlo que llegue al final para que termine, así no vuelve a molestar más (bueno, en realidad sólo hasta que volvamos a apagar mal la máquina).

¿Y si no llegamos a anularlo y aparece un cartel que indica que hay sectores de archivos perdidos? En este caso lo mejor es elegir con las flechitas la opción de **eliminarlos**; cuando aparezca una segunda pantalla que pide que insertemos un disquete, elegimos la opción **Sin Deshacer**.

Modo a prueba de fallos

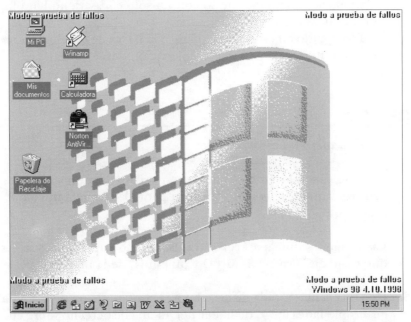

Figura 32. *No conviene trabajar con la máquina en este modo, porque el CD no funcionará, ni tampoco otros dispositivos; además, todo será mucho más lento.*

Configuración de Windows 4

Si alguna vez iniciamos la máquina y aparece el **Escritorio** con las palabritas **Modo a prueba de fallos** en cada una de sus **esquinas**, es porque hubo algún problema con alguno de los dispositivos de la PC.

Si **reiniciamos** la máquina normalmente y **sigue** apareciendo, lo mejor será que llamemos a un técnico para que la revise.

RESUMEN

Para cambiar la configuración de Windows hay que ingresar en el **Panel de control**.

Entrando en **Pantalla** doblecliqueando sobre su ícono podremos cambiar el **Papel tapiz** (imagen de fondo en el **Escritorio**), el **Protector** (imagen en movimiento que aparece cuando no usamos la PC), la **Apariencia** (los colores de las ventanas), y por último la **Resolución** (la cantidad de pixeles que la conforman).

También desde el **Panel de Control** se puede definir el **idioma** en el que están distribuidas las **teclas**, la **velocidad** a la que se mueve el puntero del **mouse** y la del **doble clic**. Además existe la posibilidad de agregarle un **sonido** a cada acción que realice Windows.

Al pasar al modo **Web** desde **Inicio — Configuración— Opciones de Carpeta** accederemos a todo con **un solo clic**, y ya no hará falta usar el doble clic.

Trabajando en este modo aparece la **Barra de canales**, que podríamos llegar a utilizar para "bajar" información desde Internet.

EJERCICIOS

Verdadero o Falso

1. Los pixeles son los puntos que hay en la pantalla y que forman a una imagen. Para medir la resolución de la pantalla se cuentan cuántos hay por pulgada.

2. Las imágenes que aparecen para usar como papel tapiz son los archivos que están en la carpeta "Mis Documentos" de la unidad C.

3. Una forma más rápida de acceder a la configuración de la **Pantalla** es elegir **Propiedades** luego de haber hecho un clic derecho sobre cualquier lugar del **Escritorio**.

● ●

4. Trabajando en modo Web con el Word, para acceder a una carpeta dentro de la ventana **Guardar** alcanza con hacer un solo clic.

5. Podríamos programar el canal del diario Clarín para que se baje automáticamente el diario todas las mañanas sin estar conectados a Internet.

Completar los espacios en blanco

1. El papel tapiz se puede ver Centrado, Estirado o en forma de _____

2. Si en el modo Web hacemos un clic sobre un archivo, éste se _____

3. Los botones del mouse se pueden _____ para que los zurdos trabajen más cómodos.

Respuestas de *Verdadero o Falso*

1. Verdadero. 640 x 480 es la resolución estándar.
2. Falso. Son los archivos con la extensión .BMP que están en la carpeta Windows de la unidad C.
3. Verdadero. Este método es mucho más sencillo y rápido.
4. Falso. Por más que estemos en modo Web, en el Word hay que seguir usando el doble clic para ingresar en una carpeta.
5. Falso. Se puede configurar, pero para que lo "baje" es necesario que estemos conectados sí o sí a Internet.

Respuestas de *Completar*

1. Mosaico
2. Abrirá (en el programa en el que fue creado)
3. Invertir

OFFICE '97

Tiempo estimado de lectura y práctica:
20 minutos

5

Office '97

En este capítulo veremos cuáles son los programas que forman parte de este paquete indispensable para trabajar en cualquier oficina, y también en el hogar.

¿QUÉ ES EL OFFICE?

Más de una vez les preguntarán si saben manejar el Office, e ingenuamente responderán que no, que lo único que saben usar un poco son el Word y el Excel.

Justamente esos dos programas forman **parte** de un **paquete** más grande llamado **Microsoft Office**.

Este paquete está compuesto por cinco programas: *Word, Excel, Access, PowerPoint y Outlook*, que son los que más usados en las oficinas, pues cubren casi todos los requerimientos del trabajo diario.

Podemos saber manejar todos o solamente algunos. Lo más frecuente es que la gente conozca los dos primeros de la lista (Word y Excel) que componen al paquete (además del sistema operativo Windows, que es la base de todo), porque los otros cumplen tareas más específicas, y porque en cierta medida algunas cosas pueden ser realizadas (aunque en una escala mucho menor) por los primeros.

El Office tuvo muchas versiones antes de llegar a la actual, que es la ´97. Esta versión funciona tanto con Windows ´95 como con Windows ´98.

La próxima versión, que se calcula estará disponible en Argentina **el 7 de Julio de 1999**, será el Office 2000. Este paquete ofrecerá una integración total con Internet, que es adonde está apuntando Microsoft al desarrollar cada programa nuevo.

¿QUÉ FUNCIONES CUMPLE CADA UNO?

Word

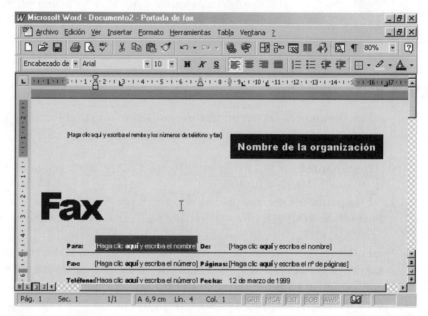

Figura 1. *Word es la herramienta más usada por la mayoría de las personas que saben computación.*

Es un poderoso **Editor de Textos** (o Procesador, como prefieran). Con él podemos escribir cartas, faxes, memorándums, recetas de cocina, trabajos prácticos para la escuela, informes, etc. Todo lo que incluya texto se puede hacer con Word.

Cuenta además con interesantes **Plantillas** (que no son para los pies) y **Asistentes**. Las primeras son documentos pre-armados que podemos usar como base para lo que estamos haciendo.

Por ejemplo, algún día alguien, sabiendo que usamos Word, nos pedirá que hagamos un fax para enviar a otra persona. Asustados, nos preguntaremos cómo se hace un fax (¿dónde se pone el nombre del destinatario, el contenido, la fecha, etc.?). Afortunadamente contamos con la plantilla de Fax, donde sólo habrá que ir completando en la hoja los datos que faltan.

Si no sabemos cómo completar los datos, tenemos el **Asistente para Faxes**, que basándose en la plantilla nos irá haciendo las preguntas que corresponden a cada uno de los datos. Más fácil imposible.

Excel

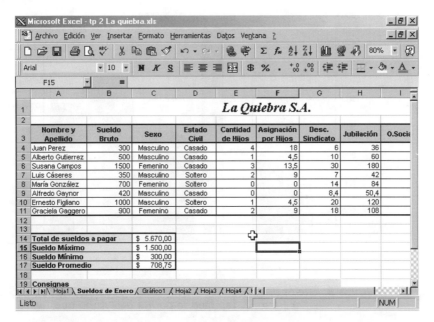

Figura 2. *Se usa mucho en la parte administrativa de una oficina, por ejemplo, para liquidar los sueldos de los empleados.*

Es muy práctico para manejar todo lo que sea **números**. Permite hacer cualquier tipo de cálculo con una simple **fórmula**, y si tenemos que hacer varias veces lo mismo (por ejemplo, repetir la suma de los gastos totales en cada uno de los meses), no hace falta que tipeemos la cuenta de nuevo; simplemente hay que copiarla arrastrando el mouse.

Una de sus ventajas consiste en que a partir de todos los **datos** que tengamos en la planilla, en solamente 4 pasos podemos armar un **gráfico estadístico** (como los que vemos en el diario).

Se usa mucho en el área administrativa.

Office '97   5

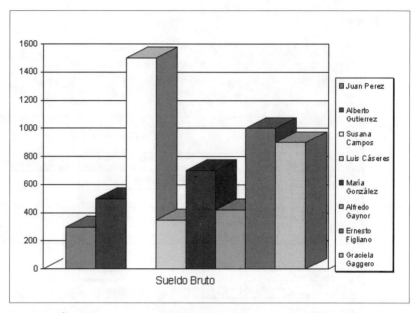

Figura 3. *Éste es un gráfico realizado con los datos de la planilla que vimos en la Figura 2. También se podría hacer uno tipo torta.*

Access

Es un poderoso administrador de bases de datos. ¿Qué es una base de datos? Bueno, supongo que alguna vez fueron a comprar una remera, por ejemplo. Cuando le preguntaron el precio a la vendedora, habrán visto que lo único que hizo fue ingresar en la computadora el código del producto (ej: 1042), y al instante dijo: "a ver... remera azul, talle 42, marca pirulo... mmmm... 30 pesos". Toda esa información estaba almacenada en una *Base de Datos*.

Access, por ejemplo, permite sacar **listados** de todos los clientes agrupados por localidad (todos los de Quilmes por un lado, los de Avellaneda por otro), relacionarlos por algo en común que tengan (el mismo vendedor), hacer etiquetas para mandarles cartas, realizar búsquedas por código, nombre, o algún otro dato en particular, etc.

Además, si quisiéramos podríamos listar a todos los que hicieron compras en un período determinado (entre enero y marzo, por ejemplo), y que se consideren únicamente las compras superiores a $700.

En fin, todo lo relacionado con datos se administra con este programa. No es tan popular como Word, ya que para darle uso primero hay que tener un stock, un grupo de clientes, o de vendedores, etc., y no todo el mundo se dedica a eso. En cambio, textos siempre hay que tipear, no importa lo que uno haga.

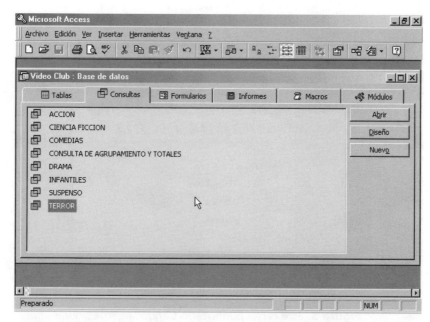

Figura 4. *Tablas, consultas, formularios e informes son las herramientas básicas para manejar la información en Access.*

PowerPoint

Es el más fácil de usar. Se acerca bastante a un programa de diseño gráfico, aunque no es tan profesional. Lo bueno es que permite hacer animaciones para una presentación ante un grupo de personas.

Así, por ejemplo, con un retroproyector (o conectando la PC a un televisor grande) se podrá presentar al directorio un informe con el incremento de las ventas del semestre anterior. Entonces se verá una pantalla con un efecto de esfumado, luego aparecerá la siguiente pantalla con las letras del título cayendo una por una desde arriba, a continuación se incorporará el gráfico estadístico que aparece desde el costado izquierdo, etc.

Realmente no es de gran utilidad a menos que en nuestra ocupación constantemente tengamos que exponer temas ante un grupo de gente, pero es bastante piola para hacer carátulas y todo tipo de carteles.

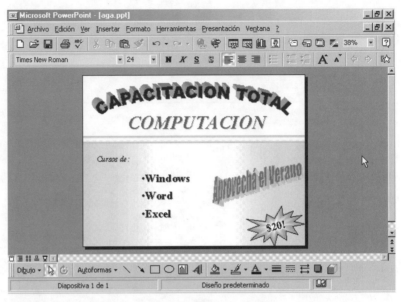

Figura 5. *Este cartel publicitario tranquilamente podría imprimirse para pegar en una vidriera.*

Outlook

Este poderoso **organizador** de nuestras vidas se sumó al Paquete Office recién en la versión ´97. Se trata de un programa que, además de administrar el **correo electrónico**, cuenta con una importante **agenda** donde podemos ingresar todos los datos de nuestros conocidos (**Contacto**s), un **Calendario** que permite registrar citas a determinado día y hora (con la posibilidad de que nos haga acordar con anticipación), y también un listado de **Tareas** donde podemos anotar aquellas cositas pendientes por hacer.

Es un programa sumamente útil si trabajamos con la computadora al lado nuestro; de lo contrario será difícil aprovechar todas sus características. Una **secretaria** debería aprender a manejarlo bien si quiere ser mucho más eficiente en su labor profesional.

En diciembre de 1998 hubo una actualización del Outlook; desde esa fecha está disponible en Argentina la **versión 98**. Lo bueno fue que la revista *PC-Users*, en un acuerdo con Microsoft, lo distribuyó **gratuitamente** al incluirlo en el CD de la edición N°92 *"El fin de la Piratería"*.

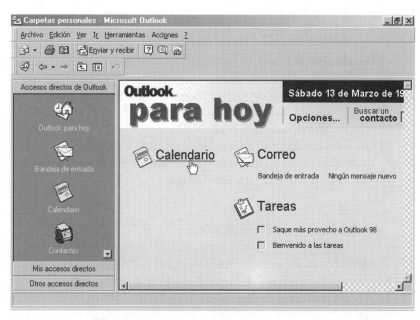

Figura 6. *Los elementos del Outlook (Contactos, Tareas, Correo Electrónico) se complementan perfectamente entre sí.*

RESUMEN

El Office es un paquete de programas para Windows creado por Microsoft. Se usa mucho en las oficinas y en el hogar. Está compuesto por:

Word: editor de textos

Excel: planillas de cálculos y gráficos estadísticos

PowerPoint: gráficos (diapositivas) que se pueden animar.

Access: administración de bases de datos.

Outlook: correo electrónico y poderosa agenda.

La última versión es la '97; del Outlook ya hay una actualización, la versión '98.

El próximo Office completo será el 2000.

EJERCICIOS

Verdadero o Falso

1. Todos los programas de Office pueden intercambiar entre sí los datos que generan. Así, podríamos incluir un gráfico hecho en Excel en un documento de Word.
2. El Outlook también se utiliza para escribir cartas.
3. Es necesario saber manejar bien todos para poder empezar a trabajar.
4. Windows es parte del paquete Office.

Completar los espacios en blanco

1. Si en Word no sabemos cómo hacer un fax, podemos usar un _____
2. Excel es práctico para manejar todo lo que sea _____
3. En Access podemos averiguar todos los datos de un cliente con sólo ingresar su _____

Respuestas de Verdadero o Falso

1. Verdadero. La posibilidad de combinar datos lo hace mucho más flexible.
2. Falso. El que tiene exclusivamente esa función es Word.
3. Falso. Podemos saber manejar uno solo del paquete; depende de nuestras necesidades.
4. Falso. Windows es el sistema operativo bajo el que funcionan todos estos programas, pero no es parte de él. En realidad sería como el papá.

Respuestas de Completar

1. Asistente
2. Números
3. Código

CÓMO ESCRIBIR UN TEXTO SIMPLE

6

Tiempo estimado de lectura y práctica:
1 hora y 45 minutos

6

Cómo escribir un texto simple

*En este capítulo aprenderemos nociones elementales
para el manejo de textos dentro de Microsoft Word '97.
En principio veremos algunas pautas a tener en cuenta para
entender cómo se trabaja dentro de este programa, luego
haremos cambios en el texto y por último imprimiremos.*

CONCEPTOS BÁSICOS

Apenas ingresamos a Word, encontramos una pantalla como la de la
Guía visual 1. Veamos cuál es su contenido.

Guía visual - 1 -

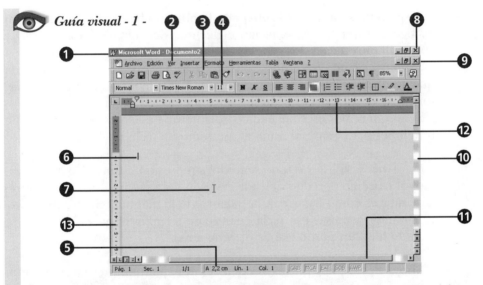

Guía visual 1. *El aspecto de la ventana puede variar un poco. Más adelante
veremos como introducir o quitar componentes.*

❶ Barra de título

❷ Barra de menú

❸ Barra de herramientas Estándar

❹ Barra de herramientas Formato

❺ Barra de estado

❻ Cursor

❼ Puntero del mouse

❽ Botón de Cerrar programa

❾ Botón de Cerrar documento

❿ Barra de desplazamiento vertical

⓫ Barra de desplazamiento
horizontal

⓬ Regla horizontal

⓭ Regla vertical

Hay que tener en cuenta algo importante: la línea que titila es el **cursor**, que define **dónde va a aparecer el texto** cuando toquemos una tecla, **sin importar el lugar donde esté el puntero del mouse.**

Es fundamental saberlo, ya que muchos llevan el mouse hasta una posición y se ponen a escribir pensando que el texto va a salir en ese lugar y no es así: el texto aparece donde esté titilando el **Cursor.**

La única función que cumple el **mouse** (cuando el puntero aparece en forma semejante a una **I**) es la de transportar el cursor hasta esa posición cuando hacemos un **clic** (si no cliqueamos, no pasa nada).

El único detalle a considerar es que para llevar el cursor con el mouse a un lugar determinado, esa zona de la hoja tiene que haber sido **habilitada** previamente (tiene que haber texto), de otro modo será imposible llegar hasta allí.

Si queremos escribir **más abajo** en la hoja, no hay forma de bajar con las flechitas que hay en el teclado (flechitas del cursor); para hacerlo, y como dijimos recién, los renglones deben **habilitarse** previamente.

¿Entonces cómo hacemos? Sencillo: sólo hay que escribir, y a medida que avancemos iremos habilitando automáticamente cada uno. No hay forma de desplazarse por un lugar donde no hay nada escrito.

Si no queremos escribir nada, y solamente deseamos **bajar** un par de renglones para empezar a tipear, pulsemos la tecla **Enter.**

En *Word* escribiremos todo seguido, sin presionar **Enter** cuando llegamos al extremo derecho de cada renglón para pasar al siguiente (apretar **Enter** es como bajar con la palanca de la máquina de escribir). Recién vamos a pulsar esa tecla cuando **se termine el párrafo** (es decir, cuando haya un punto y aparte), y **no antes.**

Ahora tipearemos un texto como el del ejemplo que figura a continuación, que nos va a servir para practicar. Debería quedar parecido al de la **Figura 1**.

Introducción al informe mensual:

Systems Generators tendrá la oportunidad en los próximos cinco años de conseguir un dominio de vanguardia en nuestros mercados establecidos y en la penetración en otro nuevo, la industria de la construcción, donde nuestros productos serán particularmente atractivos.

Este informe trata de suministrar una visión panorámica de las estrategias administrativas de la compañía junto con una descripción de aquellas áreas que requieren fondos de financiación para su desarrollo.

La compañía Systems Generators puede llegar a ser el primer productor de equipos de generación eléctrica para espectáculos e industrias de exposición. Nuestros generadores portátiles, y no por ello carentes de solidez, han adquirido una sólida reputación en estos campos.

Como el número de conciertos al aire libre, grandes convenciones y otros eventos que usan generadores portátiles se incrementa cada año, seremos más capaces que nuestros competidores de satisfacer la demanda de equipos adecuados.

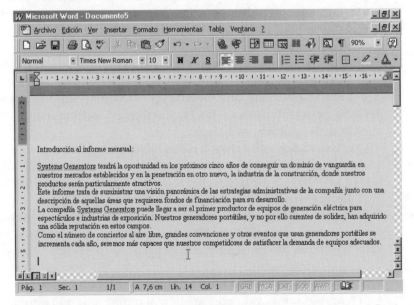

Figura 1. *Hay que tipear todo de corrido y pulsar **Enter** sólo al final de cada párrafo.*

En este texto hay un total de **cinco párrafos.** Una vez que tipeamos el primer renglón presionamos **Enter** para bajar al siguiente. Pero como el **título** introductorio se **separa** del resto por un renglón en blanco, para dejarlo habrá que apretar **Enter** nuevamente.

Seguidamente escribimos el segundo párrafo todo seguido; al finalizar ese párrafo apretamos **Enter**, para así poder continuar con el siguiente. Debemos seguir de la misma manera hasta terminar de tipear todo.

Al escribir, notaremos que algunas palabras (en especial las que están en inglés) aparecen **subrayadas** con un ondulado rojo. Eso indica que allí hay una **falta de ortografía**.

¿Por qué se marcan también las que están en inglés? Porque el **diccionario** que Word utiliza para verificar el texto está en **español** (aunque podría cambiarse a otro idioma). Más adelante veremos cómo corregir una palabra mal escrita; por ahora sepamos que el subrayado rojo **no se imprime**; simplemente está para indicarnos el error en la pantalla.

El teclado

¿Cómo ponemos los dos puntos?

Hay teclas (como en la máquina de escribir) que tienen dos **símbolos** (uno arriba y otro abajo). Para introducir en el texto los que **están arriba** (como es el caso del *dos puntos*) hay que **mantener presionada** la tecla **Shift** y luego pulsar la tecla que corresponda (sin soltar **Shift**).

Shift sirve para eso y para poner en **mayúscula** una letra cualquiera, por ejemplo cuando empezamos un párrafo.

Si necesitamos escribir **todo en mayúscula**, lo mejor será **bloquearla** con la tecla **Caps Lock** (o **Bloq Mayús**, si el teclado está en español). Al apretarla, se enciende una **lucecita** en el extremo superior derecho del teclado indicándonos que las mayúsculas están bloqueadas. Si apretamos la tecla otra vez, se apagará.

Que **Caps Lock** esté activada no significa que no haya que apretar **Shift** para escribir los símbolos que están en la parte de arriba de las teclas.

¿Y los acentos?

Para colocar un **acento**, primero hay que presionarlo y luego tocar la vocal que vamos a acentuar. Notaremos que no aparece nada en la pantalla hasta que hayamos apretado la vocal.

¿Cómo escribir la "ñ" en un teclado que está en inglés?

Si tenemos un teclado en ese idioma, tendremos que pensar en la ondita de la ñ como si fuera un acento; por lo tanto, primero presionamos el símbolo (que en la parte superior izquierda), y luego tipeamos la n. Pero ojo, que para escribir la onda vamos a tener que mantener presionada la tecla Shift, de otro modo escribiremos el símbolo de abajo.

¿Cómo borrar?

Hay dos teclas que nos permiten hacerlo: **BackSpace** y **Delete** (**Retroceso** y **Suprimir**, respectivamente).

BackSpace borra todo lo que esté a la **izquierda del cursor** (si es mucho texto, podemos mantenerla apretada para no ir letra por letra); **Suprimir** (Supr) borra todo lo que esté a la **derecha del cursor**. La que usemos dependerá de qué lado con respecto al cursor esté el texto que queremos borrar.

Desplazarse por el texto

Cuando terminemos de escribir, más de una vez nos daremos cuenta de que nos "comimos" una palabra, o que escribimos con un error gramatical terrible. También podría ser que quisiéramos eliminar algo que no nos gustó como quedó. Afortunadamente, en Word se puede modificar **todo** el texto.

Ya no existen los problemas que había con la máquina de escribir, que si nos olvidábamos de escribir una palabra en medio de otras teníamos que tipear todo de nuevo.

Supongamos que en el texto que tipeamos queremos cambiar la frase en el segundo renglón que dice: "*de vanguardia en nuestros mercados establecidos y en la penetración*". La idea es que ahora diga "*de vanguardia en nuestros mercados establecidos en Latinoamérica y en la penetración*"

Para agregar "en Latinoamérica" habrá que **llevar el cursor justo a la posición donde queremos incluir la frase**, tal como lo vemos en la **Figura 2**.

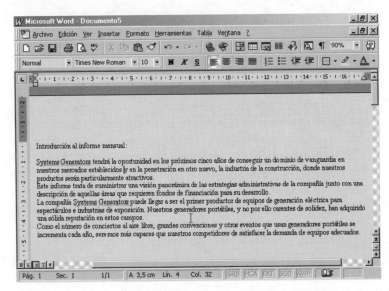

Figura 2. *Podemos llegar hasta aquí con las flechitas del cursor, o también cliqueando en este lugar con el botón izquierdo del mouse.*

Si nos fijamos bien veremos que el cursor ahora está titilando justo donde agregaremos estas dos palabritas. Si hicimos un clic para poder llegar aquí, no importa el lugar donde haya quedado el puntero del mouse: como dijimos antes, no es el que define dónde aparecerá el texto; esa función la tiene el **cursor.**

Una vez escritas las dos palabras, el texto tiene que quedar como en la **Figura 3**.

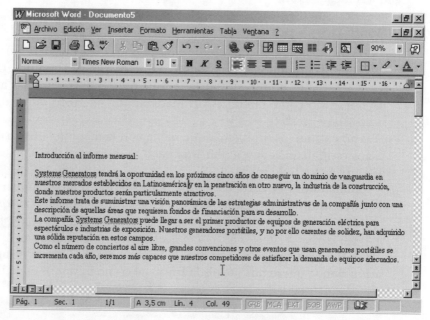

Figura 3. *Cuando agregamos algo, todos los renglones se reacomodan para dejarles lugar a las nuevas palabras. Si miramos bien el texto, la frase "donde nuestros" ahora pasó abajo.*

Lo bueno es que no tenemos que preocuparnos si ese texto **entrará o no en el renglón**, ya que Word hace un ajuste automático; si una palabra no entra, simplemente va al renglón de abajo.

Si hubiésemos hecho **mal** las cosas, apretando **Enter al final** de cada uno de los **renglones**, se armaría flor de desastre en el momento de reacomodarse el texto, porque cada renglón terminaría sí o sí en el lugar donde presionamos **Enter**, y no se podría reacomodar. Para entenderlo mejor, veamos la **Figura 4**, donde se hizo eso a propósito.

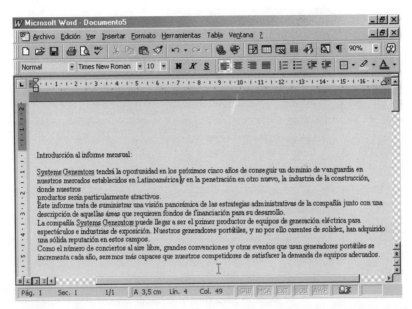

Figura 4. *Éste es el motivo por el que no hay que apretar **Enter** al final de cada renglón: al realizar un cambio se desordena todo el texto.*

Vista Normal y Vista Diseño de página

Cuando estamos trabajando, hay dos formas de visualizar el documento; una es la Vista **Normal**, que aparece cuando ingresamos por primera vez a Word.

Esta vista muestra al documento de una manera bastante básica. **No se pueden apreciar los márgenes**, ni tampoco se nota bien cuando cambiamos **de una página a otra**, debido a que indica el final de la hoja con **una línea punteada** que apenas se nota.

Si me preguntaran mi opinión personal sobre el trabajo con la vista **Normal**, diría que es un desastre: no muestra los márgenes, nunca sabemos cuándo estamos por llegar al fin de la hoja, y no vemos la página de la forma en que va a quedar impresa, a diferencia de la Vista **Diseño de página**.

Desde el menú **Ver (Figura 5)** podemos cambiar de una vista a otra. Hay tres vistas más: **Diseño en pantalla**, **Documento maestro** y **Esquema**, pero son para trabajos avanzados (páginas Web o libros), aquí no vamos a usarlas.

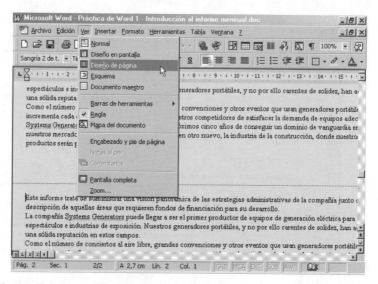

Figura 5. *Aquí se está trabajando en vista Normal. Para pasar a Diseño de página sólo hay que hacer un clic sobre ella.*

La vista **Diseño de página**, además de mostrarnos el documento **casi tal cual va a quedar impreso** (muestra las **imágenes** insertadas, y también los encabezados y pies de página), nos da una idea bastante acertada de los **márgenes** que estamos usando, y además vemos bien cuando **se termina una hoja** y se pasa a otra (**Figura 6**).

Figura 6. *Si salimos del programa con esta vista seleccionada, quedará configurada para que aparezca la próxima vez que ingresemos.*

Es recomendable que hagamos este cambio apenas ingresemos a Word. Y antes de preguntarnos por qué no vemos una imagen que insertamos, o una columna, primero nos conviene chequear cómo estamos visualizando al documento.

El Zoom

Permite que podamos "acercar" o "alejar" la hoja.

¿Para qué sirve? Cuando estamos tipeando un texto y la letra es muy chica, lo mejor será "acercarnos" para ver bien lo que estamos escribiendo.

El hecho de que nos "acerquemos" a la hoja (y que todo se vea más grande) **no significa** que hayamos **cambiado el tamaño de la letra**.

Por ejemplo, es bueno alejarse para ver cómo está quedando el texto con respecto a toda la hoja. Cuando lo hagamos, casi ni se leerá lo que escribimos, pero servirá para orientarnos si está quedando muy abajo, si nos faltan más párrafos para completar la hoja, etc.

El **Zoom** se mide en **porcentajes**, y se cambia seleccionando el que más nos guste de la **Barra de herramientas Estándar**, como en la **Figura 7**, pero también podríamos cambiarlo ingresando dentro del menú **Ver** en la opción con el mismo nombre.

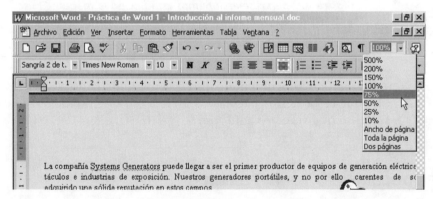

Figura 7. *Si no aparece el número que queremos poner, podemos escribirlo en el cuadradito y apretar* **Enter** *(no hace falta poner el símbolo %).*

En la lista podemos observar que al final aparecen las opciones **Ancho de página, Toda la página y Dos páginas.**

Ancho de página busca el porcentaje más adecuado para que, mientras trabajemos, podamos **ver** en nuestro monitor tanto al **margen izquierdo como el derecho. No** es un porcentaje **previamente establecido**, sino que cambia de máquina en máquina según la **resolución de panta-**

lla que estemos usando, además de otros factores, como la cantidad de barras de herramientas visibles en ese momento.

En la **Figura 8** se puede apreciar una hoja de la que se está a una distancia de "Ancho de Página".

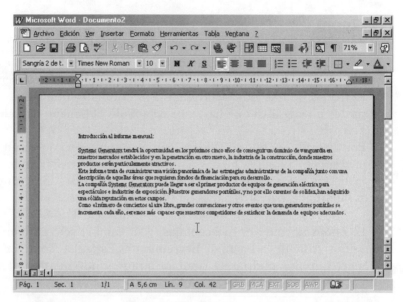

Figura 8. *Apenas seleccionemos esta opción la máquina buscará el porcentaje correcto para poder mostrar ambos márgenes.*

Las otras dos opciones son obvias. **Toda la página** muestra la página en su totalidad; en realidad no se leerá nada, pero servirá para ver cómo está quedando el documento con respecto a toda la hoja.

La que resta es **Dos páginas...** bueno, creo que no hace falta explicar qué es lo que veremos aquí ¿no?

EL DOCUMENTO TOMA FORMA

El tipo de letra

Al entrar al menú **Formato — Fuente** aparecerá una ventana igual a la de la **Figura 9**. Desde aquí puede cambiar el tipo de letra que usaremos para escribir, su tamaño, color, etc.

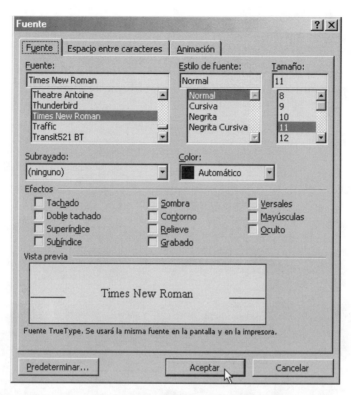

Figura 9. *Las letras más comunes son la Times New Roman y la Arial; están en todas las computadoras.*

Existen muchísimas **tipografías** (letras o fuentes). Algunas máquinas tienen instaladas más y otras menos. ¿Cómo es esto? Se pueden **agregar** más fuentes a las que ya vienen incluidas con Windows, y se hace desde el **Panel de Control**.

Generalmente se compran CDs que vienen repletos de modelos de letras, desde los cuales podemos instalar los que más nos gusten. Pero consideremos que mientras más tengamos, más tardará Windows en cargarse, así que conviene poner sólo las que realmente vamos a usar a menudo.

Algunos programas también agregan algunas sin que se lo pidamos, como el CorelDraw, o el paquete de Office.

Ni bien cambiemos algo, por ejemplo el color, lo veremos aplicado en el sector **Vista Previa**. Tengamos en cuenta que allí se muestra "cómo quedaría" el texto si cliqueáramos en **Aceptar**; si cliqueamos en **Cancelar** perderíamos todo lo que hayamos seleccionado hasta el momento.

Cómo escribir un texto simple   6

Bien; el cambio que haremos al tipo de letra de nuestro documento será el siguiente:

Letra Arial — Cursiva (inclinada) — tamaño 20 — color rojo. (nada más, por ahora). Tiene que quedar igual que la **Figura 10**.

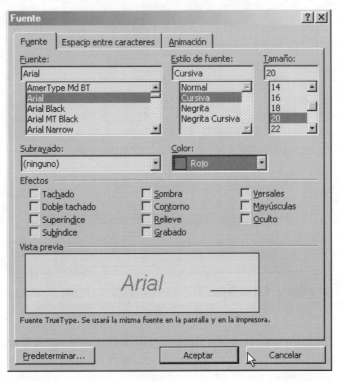

Figura 10. *Acá sí que usaremos mucho las barras de desplazamiento.*

Oppps, pusimos **Aceptar** y no pasó absolutamente nada en la hoja; la letra de todo el documento no varió en absoluto ¿qué hicimos mal?

En realidad está todo bien, simplemente los cambios que hicimos no son válidos para lo que ya está escrito, sino para lo que **VAMOS A ESCRIBIR.** Para modificar el texto ya escrito, primero hay que "seleccionar", algo que veremos más adelante.

¿Lo que "vamos" a escribir? Exacto. Recién veremos la letra que elegimos en el momento en que nos pongamos a escribir, pero no en cualquier lado, sino en **el lugar** donde estaba el **cursor** antes de que entráramos al menú **Formato — Fuente (Figura 11)**.

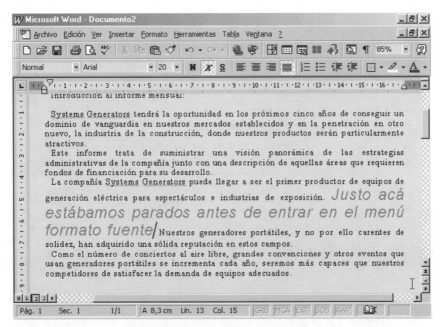

Figura 11. *La nueva letra aparece justo dónde estábamos posicionados con el cursor. Si nos movemos con las flechitas y nos paramos en otro lado ya no saldrá lo mismo.*

Por eso es que **primero** debemos "ubicarnos" precisamente donde **vamos a tipear**, y recién entonces entrar al menú.

Al **tipear** vamos **fijando** en esa zona todas las características de la **fuente** que estamos usando. Por eso, si vamos al menú y seleccionamos un montón de cosas, esas características no se fijarán hasta que escribamos algo.

Todo más rápido

¿Les dije que las **barras de herramientas** están para facilitarnos la vida? Creo que sí. Si no, miren la de **Formato**, en la **Figura 12**. De aquí se puede cambiar el tipo de letra, el tamaño, el color y hasta los estilos (negrita, cursiva o subrayado), evitándonos así la fastidiosa tarea de tener que entrar a cada rato al menú **Formato — Fuente**.

Cómo escribir un texto simple

6

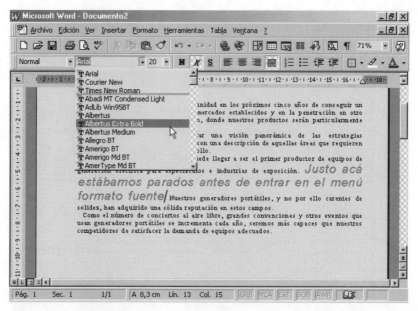

Figura 12. *Si queremos elegir tamaño o tipo de letra, hay que desplegar la lista con la flechita que apunta hacia abajo. Las letras usadas más recientemente aparecen primero.*

Hay tres botones: **N** — *K* — S (negrita, cursiva y subrayado, respectivamente). Al presionarlos, seleccionamos esas opciones, y al **volver** a hacerlo las "des-seleccionamos"

Si tenemos que subrayar una palabra, por ejemplo, antes de escribirla apretamos el botón con la *S*, luego la tipeamos, y apenas terminemos volvemos a cliquear en este botón para seguir trabajando normalmente.

CÓMO CAMBIAR LAS CARACTERÍSTICAS DE UN TEXTO YA ESCRITO

La selección

Para hacerlo, primero hay que **seleccionar** (pintar de negro) el **texto** que deseamos cambiar. ¿Para qué? Si queremos agrandar el tamaño de letra de un párrafo, por ejemplo, de alguna manera habrá que indicarle a la máquina qué texto queremos modificar.

Se lo indicamos SELECCIONANDO. Existen dos formas de llevarlo a cabo: con el **mouse**, o con las **flechitas del cursor** ubicadas al lado de la tecla **Shift**. Nos abocaremos a la primera de ellas.

Si mientras aparece la "I" del puntero **cliqueamos** en un lugar de la hoja y **mantenemos presionado** al botón izquierdo, al **mover** iremos **pintando** las palabras de negro. Así las estamos seleccionando.

Una vez que hayamos marcado todo aquello que vamos a cambiar, entramos al menú para elegir las características de letra que queramos. Después de **Aceptar,** hay que cliquear en cualquier parte de la hoja para que la selección se "vaya".

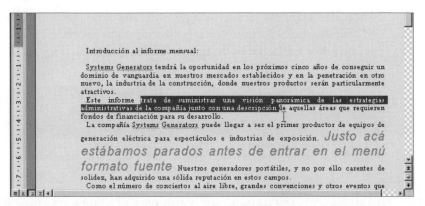

Figura 13. *Cuando bajemos con el mouse, los renglones se irán seleccionando enteros, por lo que no habrá necesidad de ir palabra por palabra.*

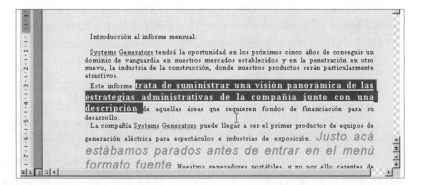

Figura 14. *Una vez aplicado el cambio, la selección "queda" ahí por si queremos hacer más cambios. Para sacarla, hay que cliquear en cualquier parte de la hoja.*

Los problemas comunes

Debemos tener mucho cuidado de **no volver a intentar** hacer la selección si nos salió mal, porque si ponemos el mouse otra vez sobre un texto "pintado", y al tomarlo lo arrastramos, terminaremos **"moviendo"** esas palabras (¡como con los archivos!).

6

¿Cómo nos damos cuenta de que en lugar de seleccionarlo vamos a moverlo? En primer lugar, porque esto sucede cuando un texto **YA ES-TÁ** seleccionado. En segundo lugar, porque en lugar de la **"I"** aparece la flechita del mouse.

Si le *"pifiamos"* a la selección y tenemos que hacerla otra vez, primero cliqueamos en cualquier lugar de la hoja para que se "pierda" la anterior, y recién entonces volvemos a intentar como la primera vez.

De todas maneras, si hicimos alguna "macana", la podemos **"Deshacer"**. Sí, afortunadamente este botón también aparece en el Word. Lo encontramos en la **Barra de herramientas Estándar (Figura 15)**.

Figura 15. *Se pueden deshacer todas las acciones que hayamos hecho desde que abrimos el archivo.*

También necesitaremos este botón para el siguiente problema:

¿Saben qué pasa cuando un texto está seleccionado, y presionamos cualquier tecla como una *pe*, **Enter**, una jota, la barra espaciadora, etc.? Todo ese texto se reemplaza por lo que hayamos presionado. Así, en la **Figura 16** podemos ver que la frase que antes habíamos escrito y que estaba seleccionada se reemplazó por la letra "T" cuando la tocamos.

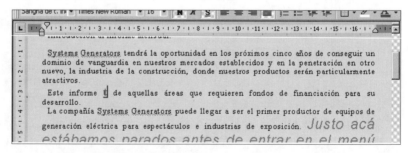

Figura 16. *Acá no habrá más remedio que **deshacer** (a menos que tengamos ganas de tipear todo de nuevo, cosa que dudo).*

Para evitarlo, antes de tocar cualquier otra cosa primero deberíamos "quitar" la selección haciendo un **clic** en cualquier parte de la hoja o apretando una de las **flechitas del cursor**.

UN RENGLÓN PARTIDO AL MEDIO

Más de una vez tocaremos la tecla **Enter** cuando estemos detenidos en el medio de un renglón. ¿Qué va a pasar? El renglón se va a **terminar justo** en el lugar donde estaba el cursor en el momento de **presionar** esa tecla, lo que ocasionará que todo lo que había a la derecha ahora pase abajo **(Figura 17)**.

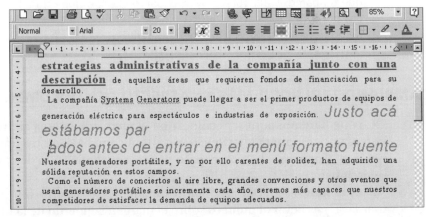

Figura 17. Acá hicimos un desastre al cortar el renglón justo en el medio de una palabra. Es muy común apretar con el codo el Enter que está al lado de los números.

Tenemos dos formas de solucionarlo; cualquiera que usemos da igual:

1. Nos posicionamos en el **principio** del renglón que quedó **abajo** y borramos con la tecla **Backspace**.

2. O nos paramos al **final** de la que quedó **arriba** y borramos con la tecla **Delete** (Suprimir).

Cuando borremos ese **Enter** que apretamos (que aunque no lo veamos está allí) los renglones se van a volver a juntar.

¿Nos olvidamos del título?

Como no se puede ir más arriba del límite que establece el margen superior, si nos olvidamos de poner el **título** al principio de nuestro documento, será sencillo agregarlo.

Sólo hay que posicionarse bien a la izquierda en el **primer renglón** que tengamos y allí apretar **Enter**. Como el texto que está a la derecha del cursor pasa abajo, arriba quedará un renglón en blanco, donde podremos escribir el título que queramos.

CAMBIANDO UN POCO MÁS EL ASPECTO DEL DOCUMENTO

Lo que haremos aquí será colocar en el medio de la hoja el título que ya teníamos escrito antes, y que hasta ahora contaba con otro tipo de alineación. Como ya sabemos, el paso previo a cualquier tipo de cambio es **seleccionar**.

Con el **mouse**, una de las mejores maneras de hacerlo (en lugar de usar la "I") es llevar al **puntero** sobre el margen **izquierdo** de la hoja. Llegará un momento en que aparecerá una **flechita**, pero si nos fijamos bien, no es como la que estamos acostumbrados a ver, porque apunta para el otro lado **(Figura 18)**.

Si allí hacemos un **clic**, se seleccionará **todo el renglón** que hayamos indicado. Lo bueno es que si mantenemos apretado el botón izquierdo y movemos el mouse hacia abajo, iremos marcando al resto.

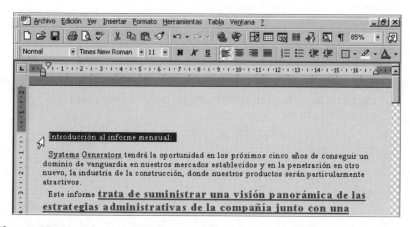

Figura 18. Cuando se quiere incluir todo el texto y no un par de palabras solamente, este método resulta mucho más práctico que el otro.

Antes de seguir, les cuento que existen **cuatro** tipo de **alineaciones**: Izquierda, Centrada, Derecha y Justificada.

La **primera** es la que Word coloca apenas ingresamos, y la distinguimos porque el texto termina en forma de "serrucho" sobre el margen derecho. La **centrada** se utiliza generalmente para los **títulos**, y la **derecha** para las **fechas** de una carta.

¿Y la **justificada**? Lo que hace es que **ambos extremos** del texto (izquierdo y derecho) terminen en forma **pareja**. Es la más utilizada por todo el mundo, si no fíjense qué alineación tienen las columnas de los diarios y revistas.

Para cambiar de una alineación a otra, lo más práctico es usar los botones correspondientes en la **Barra de herramientas** de **Formato**. En la **Figura 19**, la alineación que acabamos de aplicar es la **Centrada**.

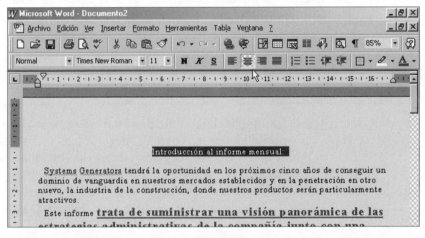

Figura 19. *Conviene aplicar las alineaciones una vez que terminamos de escribir todo.*

Para el resto del documento lo mejor sería usar la alineación justificada, así queda como en la **Figura 20**.

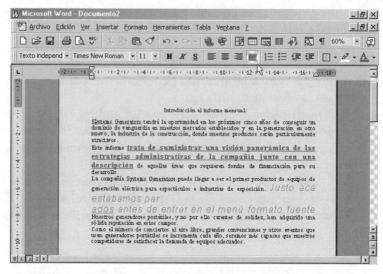

Figura 20. *Para ver bien cómo quedan las alineaciones, sería conveniente usar el zoom para alejarse un poco del documento.*

LA ORTOGRAFÍA

Los errores se distinguen claramente por estar subrayados con un color rojo. Hay varias posibilidades de corregir, pero la más práctica es la de presionar el **botón derecho** justo sobre la **palabra** que está **mal escrita**.

Si lo hacemos, aparecerá un menú contextual con una lista de "sugerencias", que es lo que Word interpreta que quisimos escribir. Es muy simple, sólo hay que **elegir la correcta** de la lista (**Figura 21**).

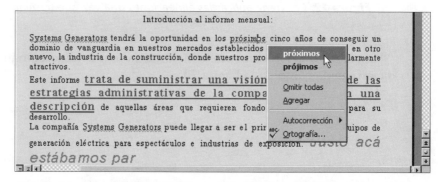

Figura 21. *Si la palabra está "demasiado" mal escrita, Word no encontrará ninguna sugerencia para darnos.*

Puede llegar a darse el caso de que sea correcto lo que pusimos y Word lo marque como "mal" por no tenerlo en su diccionario. En ese caso habrá que **Agregarla**, para que así nunca más la subraye. Se da mucho con los nombres.

HAY QUE SER PROLIJOS

Word (al igual que Excel y PowerPoint) brinda la posibilidad de tener **varios archivos abiertos al mismo tiempo**. La idea es que uno tenga varios trabajos y pueda pasar de uno a otro sin la necesidad de abrirlos a cada rato.

¿Cómo hacemos para movernos entre ellos? Bueno, eso mucho no interesa porque por ahora no estamos haciendo nada muy "profesional", pero igual les comento que se hace desde el menú **Ventana**, donde aparece la lista de todos los que están en esa condición **(Figura 22)**.

Figura 22. *Sólo hay que hacer clic sobre el archivo al que queremos ir*

No conviene tener muchos archivos abiertos al mismo tiempo. Primero, porque es un lío: cuando salgamos, Word nos va a preguntar uno por uno si queremos **guardar** los cambios (y uno, a esa altura, ya ni se acuerda si lo que hizo era importante o no). Segundo, porque hace un poco más **lento** el trabajo con la máquina.

Por eso, cada vez que **terminemos** de **"usar"** un documento lo tendremos que **Cerrar**, lo cual no significa que no lo podamos volver a abrir a los cinco minutos.

Tenemos dos maneras de cerrar un documento: una es ir al menú **Archivo** y elegir esa opción. La otra (más rápida) es tocar el botón con la **X,** pero esta vez no el de la **hilera** de arriba, sino el de la de **abajo (Figura 23)**.

Figura 23. *Los tres botones de abajo pertenecen a la ventana de cada documento; los de arriba, al programa.*

DE LA PANTALLA AL PAPEL. IMPRESIÓN DE DOCUMENTOS

Antes de imprimir siempre hay que **configurar los márgenes** de la hoja y también el **tamaño del papel** que vamos a usar. El tamaño que seleccionemos en la pantalla debe coincidir con el del papel que tenemos puesto en la impresora.

Imaginemos que tipeamos en Word un trabajo práctico en una hoja **oficio** (35 cm. de largo), y cuando lo mandamos a imprimir tenemos puesto uno de tamaño **carta** (27 cm., aproximadamente). Como se podrán imaginar, hay un pedazo de texto que queda fuera de la hoja.

Para establecer los márgenes y el tamaño hay que ir al menú **Archivo — Configurar página (Figura 24).**

Figura 24. *En todos los programas, el tamaño del papel y los márgenes se configuran entrando en esta opción.*

Allí aparecerá una ventana como la de la **Figura 25**, en cuya primera ficha solamente cambiaremos los márgenes **Superior — Inferior — Izquierdo — Derecho**. Para ello, hay que usar las flechitas que apuntan hacia arriba y hacia abajo. El resto no lo modificamos.

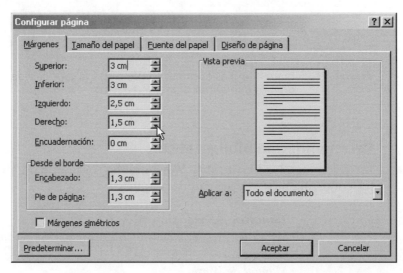

Figura 25. *Lo mejor es poner un margen izquierdo mayor, así queda lugar para los agujeritos, por si vamos a encarpetar el documento.*

Recién en la ficha siguiente cambiaremos el tamaño del papel **(Figura 26)**.

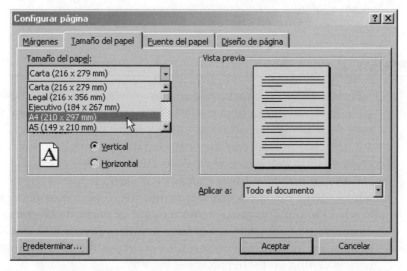

Figura 26. *Desde aquí también decidimos si la orientación de la hoja será vertical o apaisada.El tamaño de papel más usado es el A4.*

Cómo escribir un texto simple   6

Una vez que aceptamos los cambios, para **Imprimir** sólo presionamos el botón que tiene el dibujito de la impresora en la **Barra de herramientas Estándar (Figura 27)**.

Figura 27. *Si queremos más opciones (como elegir la cantidad de copias) tendremos que entrar al menú* **Archivo — Imprimir**.

Recomendación bibliográfica

Éstos son algunos libros sobre Word que les servirán para incrementar los conocimientos que acaban de adquirir:

Adriana Cruz   ***Técnicas y recursos para Word 97,***
MP Ediciones, colección Compumagazine Soluciones.
Buenos Aires
Manual de Word,
MP Ediciones, colección PC Users, Buenos Aires.
10 Proyectos con Word,
MP Ediciones, colección PC Users
Express, Buenos Aires.

RESUMEN

Para trabajar en Word siempre conviene utilizar la vista **Diseño de Página**, que muestra la hoja casi tal como va a quedar impresa. Nos podemos acercar y alejar del texto utilizando los porcentajes del **Zoom**.

Nunca hay que apretar **Enter** al final de cada renglón; sólo hay que hacerlo cuando lleguemos al final de un **párrafo**.

Para cambiar las características de la letra, primero hay que **seleccionar** el sector del texto que deseemos, luego podemos hacer el cambio desde el menú **Formato Fuente** o desde la **Barra de Herramientas**, que es más rápido. Una vez aplicado el formato, para seguir trabajando hay que quitar la selección cliqueando en algún lugar de la hoja o presionando alguna de las flechitas del cursor.

Si nos arrepentimos de algo, siempre podremos volver uno o más pasos atrás con el botón **Deshacer**.

Si apretamos **Enter** en el medio de un renglón, lo podemos solucionar de dos maneras: posicionándonos al **principio** del que quedó abajo y borrando con **Backspace**, o presionando **Delete** al **final** del que quedó arriba.

Para corregir una palabra con un error ortográfico hay que presionar sobre ella el botón derecho del mouse.

Hay cuatro tipo de **alineaciones**: izquierda, centrada, derecha y justificada. Se cambian desde los botones respectivos en la barra de herramientas de **Formato**.

Antes de imprimir conviene configurar los márgenes y el tamaño del papel. Ambas cosas se hacen entrando en el menú **Archivo — Configurar página**.

EJERCICIOS

Verdadero o Falso

1. Cuando trabajamos con **Diseño de página**, el cambio de una hoja a otra se representa con una línea punteada.
2. Sólo hay un total de 50 tipos de letras, y es imposible tener más.
3. Cuando elegimos el zoom **Ancho de Página**, el programa busca y coloca el porcentaje más adecuado a nuestra resolución de pantalla.
4. La alineación derecha se usa para el cuerpo de la carta; la justificada, para poner la fecha.
5. Si agregamos un texto en medio de un renglón, se reacomoda para darle lugar a lo nuevo que escribimos.

Completar los espacios en blanco

1. Sólo se podrán corregir con el mouse aquellas palabras que estén subrayadas con color _____
2. Para ver a ambos márgenes de la hoja hay que usar el zoom _____ de _____
3. El tamaño de papel más utilizado en las oficinas y fotocopiadoras es el _____

Cómo escribir un texto simple   6

Respuestas de *Verdadero y Falso*

1. Falso. Eso es en la vista Normal.
2. Falso. Se puede tener la cantidad de tipografías que uno desee. Sólo hay que instalarlas.
3. Verdadero. El porcentaje varía de máquina a máquina.
4. Falso. Es al revés.
5. Verdadero. En la máquina de escribir era imposible agregar algo; en Word no hay ningún problema.

Respuestas de *Completar*

1. Rojo
2. Ancho de Página
3. A4

Trabajo Práctico

Tipear una carta como la de la figura a continuación utilizando en lo posible los mismos formatos y alineaciones:

Buenos Aires, 4 de abril de 1999

Sres. Telesold S.A
Colombres 3145
(1043) CAP.FED.

De nuestra consideración:

F.S. Computación, es un comercio minorista especializado en la venta de insumos **informáticos**, con más de **ocho** años de antigüedad en la zona y una importante cartera de clientes a quienes ofrecemos los mejores productos del mercado.

Creemos que estamos en condiciones inaugurar una nueva etapa de desarrollo comercial, dando mayor facilidades de compra a todos nuestros clientes, como también un servicio más *rápido* y *eficiente*. Por eso tenemos el placer de ponernos a su disposición.

Juan Pérez
Socio Gerente

CÓMO HACER UNA PLANILLA SIMPLE

Tiempo estimado de lectura y práctica:
1 hora y 45 minutos

Cómo hacer una planilla simple

Al introducirnos en este programa notaremos que ya conocemos la mayoría de los menúes y botones de las barras de herramientas. Se darán cuenta que al haber visto primero Word, usar Excel no será tan difícil como parece.

CONCEPTOS BÁSICOS

Como habíamos comentado anteriormente, las planillas del Excel se dividen en **filas** (horizontales) y **columnas** (verticales). Los cuadraditos que se forman en las intersecciones entre ambas se denominan **celdas**.

Cuando nos referimos a una celda, primero tenemos que indicar la letra de la columna donde está, y luego el número de fila, por ejemplo **A14**. Para desplazarnos por ellas podemos utilizar tanto el mouse como las flechitas del cursor.

Cada vez que terminemos de escribir algo en una celda, habrá que presionar la tecla **Enter** para que quede fijado. También lo podemos hacer **moviéndonos** hacia uno de los lados con las **flechitas** del cursor.

Para entender mejor todo, como práctica vamos a crear una planilla igual a la de la **Figura 1**.

Figura1. La cruz blanca es el puntero del mouse, y la celda que tiene el recuadro negro es el lugar donde estamos parados (sería como el cursor).

Si usamos Excel es porque seguramente tenemos que realizar algún tipo de cálculo. El que haremos nosotros tendrá como objetivo obtener la suma de los sueldos brutos de estos tres empleados. Para hacer una cuenta podemos estar posicionados en cualquier celda, que en este caso será **F8**.

Antes de seguir, una aclaración: empezaremos a trabajar en este programa haciendo primero las cosas **mal**, para luego ir mejorándolas poco a poco. De los errores se aprende ¿no?

En la celda donde estábamos posicionados escribiremos directamente: **900 + 500 + 600**. Notarán que al apretar **Enter**, en lugar de aparecer el **resultado** queda como en la **Figura 2**.

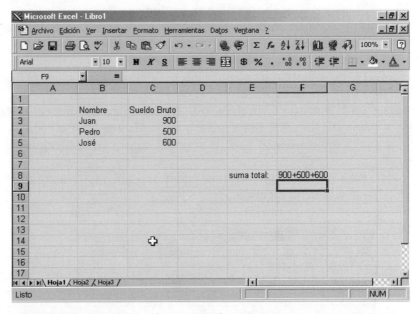

Figura 2. *En vez del total, aparecen los números que queremos sumar.*

Ya se habrán dado cuenta que ésa **no** es la forma de hacer una cuenta. ¿Hay otra manera? ¡Por supuesto! Y es **anteponer el signo igual al principio de todo** (no hay que dejar espacios en blanco). Quedaría así: **=900+500+600**.

Cuando apretemos **Enter**, luego de escribir la nueva fórmula sobre la anterior, terminaremos viendo el resultado **(Figura 3)**.

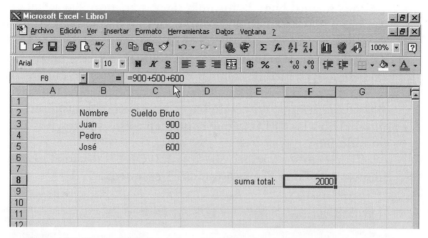

Figura 3. *Ahora salió, pero igual quedan bastantes cosas por cambiar.*

Si nos fijamos bien, al pararnos sobre esa celda, debajo de la **Barra de Herramientas de Formato** hay un lugar donde aparece la fórmula que nosotros tipeamos.

Este sector tiene un nombre: **Barra de Fórmulas**, y su función es la de indicarnos que el valor que hay en esa celda (en este caso, 2000) no fue escrito a mano, sino que **proviene** de un **cálculo** (el que nos está mostrando).

Es muy distinto que hayamos escrito 2000, a que ese número sea el resultado de una fórmula.

Igualmente, esta fórmula no está del todo "bien hecha". Fíjense lo que pasa cuando a Pedro le aumentamos el sueldo a $850 **(Figura 4)**.

Figura 4. *El sueldo cambió, el resultado NO.*

7

Cómo hacer una planilla

263

Si nos fijamos bien, la fórmula sigue sumando 900 + 500 + 600 y no cambió a 900 + 850 + 600. Aquí, para que quede bien tendremos que escribir nuevamente toda la fórmula con los nuevos valores.

O **no**, porque si lo hubiésemos hecho de la manera que ahora veremos, no habría necesidad de cambiar nada, ya que **cuando uno de los sueldos se incremente o disminuya, el resultado cambiará automáticamente**.

Si en la fórmula, en vez de hacer referencia a los valores, la hubiésemos hecho a las **CELDAS que contienen a esos valores**, nos hubiese salido todo bien.

Lo correcto sería haber puesto: **=C3+C4+C5** (es igual mayúscula que minúscula). En la **Figura 5** vemos cómo queda.

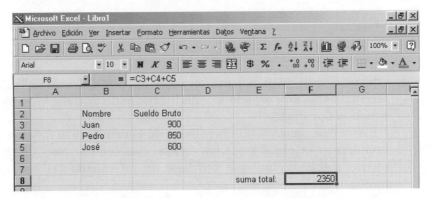

Figura 5. *Así se hacen siempre las fórmulas en Excel. De esta manera, al cambiar un valor de una planilla evitaremos tener que corregir una por una.*

Ahora modificaremos algunos sueldos. Notarán que a medida que lo vayamos haciendo, el resultado irá cambiando automáticamente (**Figura 6**).

Figura 6. *Imaginen si no lo hubiesen hecho de esta manera y se equivocaran en el valor de un balance. ¡Habría que sumar todo de nuevo! ¡Una locura total! (bueno, ejemmm, antes era así).*

UN GRÁFICO ESTADÍSTICO EN 4 PASOS

Ahora vamos a ver lo fácil que es hacer un gráfico con los datos que hay en la planilla.

Como **primer** paso, con el mouse tendremos que **seleccionar** a todos los empleados con sus respectivos sueldos (incluyendo ambos títulos), y luego presionar el botón del **Asistente para Gráficos** de la barra de herramientas **(Figura 7)**.

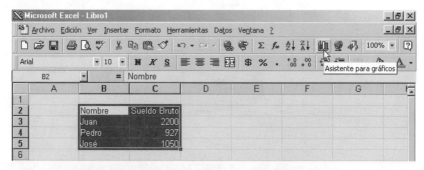

Figura 7. *La primer celda de la selección siempre queda en blanco. No hay que preocuparse porque Excel igual la toma en cuenta.*

Apenas toquemos este botón, aparecerá en pantalla la ventana con el **primer paso del Asistente**. Simplemente hay que seleccionar de la muestra al modelo que más nos guste **(Figura 8)**.

Figura 8. *Seleccionaremos uno circular (torta) en tres dimensiones. Para continuar hay que apretar el botón "Siguiente".*

Cómo hacer una planilla 7

En el **segundo** paso tenemos que **seguir de largo**. En este lugar se indica si los datos van a ir en filas o en columnas. Acá no se entiende bien de qué se trata, ya que la diferencia se aprecia mucho mejor en un gráfico de tipo Columnas.

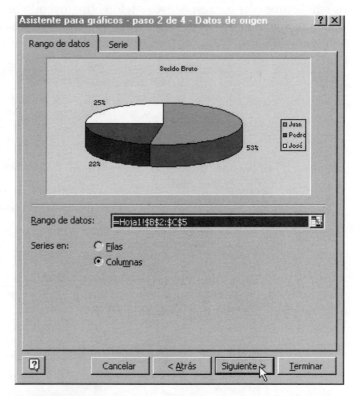

Figura 9. *Aquí directamente cliquearemos* ***Siguiente***.

Bueno: hemos llegado a un **paso importante**. Si nos fijamos bien, la ventana tiene tres fichas en la parte superior. Apenas ingresemos estaremos parados sobre **Título**, pero lo mejor será a ir a la que dice **Rótulos de datos**.

Desde aquí podemos agregar el **porcentaje** que le corresponde a cada porción, o, en cambio, el **valor** de donde proviene. Simplemente hay que hacer clic en la opción que deseemos.

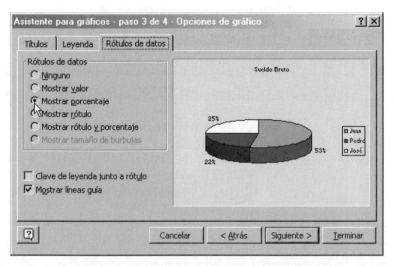

Figura 10. *La leyenda es el cuadradito que indica con qué color se representa a cada persona. Si la tenemos puesta no tiene sentido poner un rótulo, simplemente alcanza con el porcentaje.*

En el último paso, lo que hace es preguntarnos si queremos **incluir** el gráfico **dentro** de la misma **planilla** (junto con los datos) o ponerlo en **una hoja aparte**.

Mi recomendación es hacer esto último para que se vea bien, por lo tanto la opción a elegir será **En una hoja nueva.**

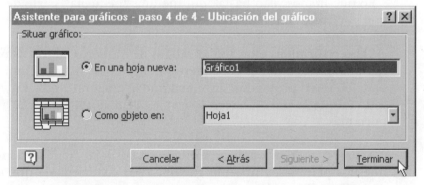

Figura 11. *Ahora no queda otra que cliquear en* **Terminar**.

Hemos concluido el gráfico. Si todo salió bien, tiene que haber quedado como en la **Figura 12**.

Para pasar del gráfico a la planilla tenemos que hacerlo desde las hojitas que aparecen abajo.

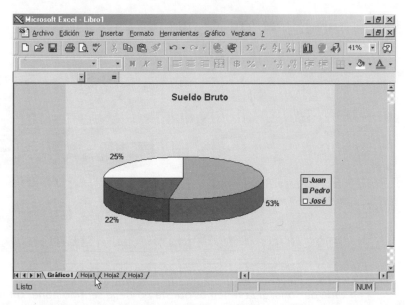

Figura 12. *Se puede cambiar el tamaño de la letra del título o de cualquier otro elemento. Sólo hay que seleccionarlo y elegir alguna característica de la Barra de Herramientas de Formato.*

CONSIDERACIONES VARIAS

Lo que hemos visto hasta aquí fue una **"pequeña" parte** de todo lo que es **Excel**. En realidad es aún mucho más práctico de lo que parece.

Existen **fórmulas** para sumar rangos de números largos, donde sólo hay que indicar cuál es el primero y el último de la lista. También hay para obtener promedio, raíz cuadrada, tangente, etc. En síntesis, todo lo que se puede hacer con una calculadora, y a veces hasta un poco más.

Además, podemos aplicar **formatos** para dejar "chiche bombón" a nuestras planillas, y no entregar una cosa cuadriculada que no diga nada. En la **Figura 13** podemos apreciar una más o menos bien hecha.

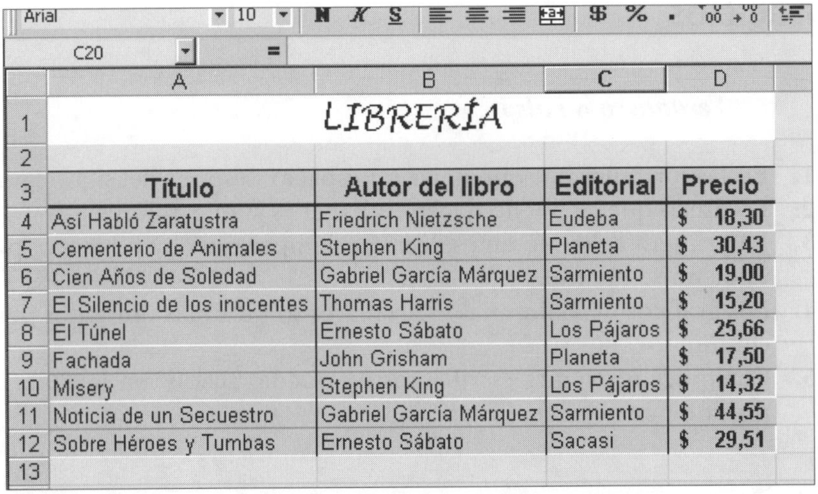

	A	B	C	D
1	LIBRERÍA			
2				
3	Título	Autor del libro	Editorial	Precio
4	Así Habló Zaratustra	Friedrich Nietzsche	Eudeba	$ 18,30
5	Cementerio de Animales	Stephen King	Planeta	$ 30,43
6	Cien Años de Soledad	Gabriel García Márquez	Sarmiento	$ 19,00
7	El Silencio de los inocentes	Thomas Harris	Sarmiento	$ 15,20
8	El Túnel	Ernesto Sábato	Los Pájaros	$ 25,66
9	Fachada	John Grisham	Planeta	$ 17,50
10	Misery	Stephen King	Los Pájaros	$ 14,32
11	Noticia de un Secuestro	Gabriel García Márquez	Sarmiento	$ 44,55
12	Sobre Héroes y Tumbas	Ernesto Sábato	Sacasi	$ 29,51
13				

Figura 13. *Esto bien podría ser parte del stock de cualquier negocio.*

Si quieren profundizar más sobre el tema, lean **"Excel para Todos"** de Claudio Sánchez (un capo de las planillas). El libro pertenece a la colección PC Users y lo pueden encontrar en cualquier quiosco de diarios o directamente en la editorial.

RESUMEN

Para hacer una fórmula dentro de una celda, primero hay que antecederla con el signo igual (=). De lo contrario, Excel no reconocerá lo que escribamos como un cálculo que tiene que realizar, sino como un texto común y corriente.

Para que una fórmula esté bien hecha, lo mejor es indicar las celdas que contienen los valores que queremos sumar (o sacar el promedio, valor máximo, etc.), y no los valores en sí, ya que si alguno de esos números cambia, el resultado de la fórmula también lo hará. Al indicar una celda, primero se pone la columna y luego el número de la fila.

Si queremos hacer un gráfico a partir de los datos de la planilla, después de seleccionarlos hay que entrar en el Asistente para Gráficos y seguir los cuatro pasos que tiene hasta el final.

A las celdas se les puede aplicar todo tipo de formatos, al igual que en Word.

EJERCICIOS

Verdadero o Falso

1. En las fórmulas hay que dejar un espacio después del signo igual.
2. Lo único que se puede hacer en Excel es sumar valores.
3. La primera celda de una selección siempre queda en blanco, porque ese valor no se incluye.
4. Los gráficos de Columnas y Circulares son los más utilizados por la gente común.
5. Cualquier texto que escribamos no queda "fijado" en la celda hasta que presionemos la tecla Enter.

Completar los espacios en blanco

1. En el último paso del Asistente para Gráficos tenemos que decidir si el gráfico queda en una hoja aparte o _____ en la misma planilla.
2. En Excel también tenemos el _____ para acercarnos o alejarnos de la planilla.
3. Cuando nos paramos en una celda con un valor que proviene de un cálculo, la fórmula que hicimos allí aparece en la _____ de _____

Respuestas de Verdadero y Falso

1. Falso. No existe **ninguna** fórmula que contenga algún espacio en blanco en su interior.
2. Falso. Se puede realizar cualquier tipo de cálculo. Para esto se pueden usar fórmulas "prearmadas" o utilizar los paréntesis, igual que en matemáticas. Ejemplo = (8*15)/2
3. Falso. Aunque no quede "pintada de negro" igualmente se considera que está dentro de la selección.
4. Verdadero. Otros, como Radar y Burbujas, se utilizan para casos más complejos que lo que puede llegar a graficar un usuario normal.
5. Verdadero. También se puede fijar moviéndose hacia un costado con las flechitas del cursor o cliqueando en cualquier parte de la planilla.

Respuestas de Completar

1. Incluido
2. Zoom
3. Barra de Fórmulas

Trabajo Práctico

Hacer una planilla como la de la figura a continuación. Obtener el total a partir de una fórmula y luego hacer el gráfico en Columnas 3D con los datos y montos de todos los clientes.

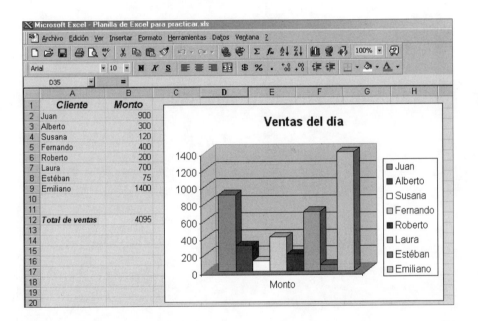

INTERNET

Tiempo estimado de lectura y práctica:
35 minutos

8

Internet

Hace tres años, cuando alguien nos hablaba de Internet, lo primero que atinábamos a preguntar era "con qué se comía". Hoy está por todos lados.

¿QUÉ ES?

Una **red** consiste de varias computadoras conectadas entre sí por intermedio de un cable. Internet son **millones de computadoras interconectadas entre sí**.

¿Cómo se pueden conectar dos máquinas que están en distintos continentes? A través de una **línea telefónica**.

¿Eso quiere decir que cuando queremos mandar un archivo de nuestra máquina a un primo que esté en España tendremos que hacer una **llamada internacional**? Para nada, la llamada a nuestro **proveedor** siempre será **local**. Éste será el encargado de establecer la conexión internacional, de la cual nosotros ni nos enteramos (ni nos llega en la factura telefónica).

Hasta acá, como habrán visto, todo indica que para poder usar Internet tenemos que conectar la PC a la **línea telefónica**, y eso se hace por intermedio de una plaquetita especial llamada **Módem (Figura 1)**.

Figura 1. Esta plaqueta nos dará acceso a un nuevo mundo: el de las comunicaciones.

Al tener un módem nos podemos **conectar** con otra computadora que también tenga uno (llamando por intermedio de un programita especial). Pero eso sería nada más que una conexión entre dos máquinas. Si queremos acceder a cualquier lugar de la Tierra, deberemos tener a un **proveedor** que nos brinde el servicio de Internet.

¿Quiere decir que podremos entrar a la computadora de cualquier persona en cualquier lugar del mundo? No, la información a la que accederemos es a la que tienen distintos proveedores que hay en todo el mundo (son miles), y no a una máquina individual.

El proveedor

¿Qué es un proveedor? Es la empresa que se dedica a brindar acceso a Internet. Nosotros, lo único que tenemos que hacer es pagar una tarifa mensual (como en un club), que generalmente ronda los $ 35.

Cuando nos abonamos, por intermedio del módem llamamos telefónicamente a un número que nos haya dado el proveedor (la compu es la que disca). Una vez que nos comuniquemos (del otro lado nos atiende un módem también, lo que podríamos comparar con el envío de un fax), ya estamos listos para acceder a cualquier servicio que brinde Internet.

¿Pagaremos aproximadamente 35 pesos y nada más? No, también hay que **sumar** a esa tarifa el **gasto telefónico** mientras estemos comunicados. Se contabiliza igual que si llamáramos a un amigo.

Afortunadamente, hace más de un año (en Argentina venimos muy bien con las nuevas tecnologías de Internet) existe en nuestro país un servicio llamado **"0610"**.

De las llamadas que hagamos a esos números (que todos los proveedores ahora tienen) se cuenta, en una hora de conexión, la mitad de ese tiempo (lo que nos ahorra bastante dinero).

Si no nos interesa comunicarnos por teléfono, hay otro servicio: el **cablemódem** (les dije que íbamos bien, pero no sea cosa de dormirnos en los laureles).

En este caso, la conexión es mucho más rápida (en la práctica, hasta 100 veces más), y no utiliza la línea telefónica, ya que viene a través del videocable. De esta manera, podríamos estar 24 horas conectados sin que nos importe.

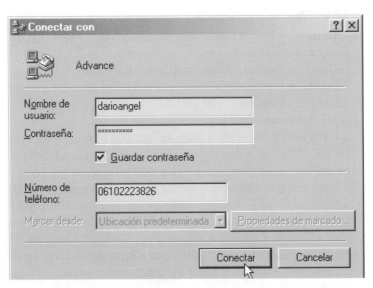

Figura 2. *Éste es el programa que nos permite comunicarnos telefónicamente con el proveedor.*

Todo genial hasta que llegamos al **precio**; como supondrán, es un poco más caro. Se paga alrededor de $140 por mes (aunque las tarifas bajan día a día).

Si le damos un uso muy intensivo a Internet, este sistema nos convendrá mucho más, porque con un módem común y corriente, para ver la tapa del diario Clarín a veces hay que esperar más de un minuto, en cambio con el cablemódem es instantáneo.

El cablemódem lo brindan Multicanal y Cablevisión; esta última a través de la empresa Fibertel TCI.

LOS SERVICIOS DE INTERNET

Una vez que estamos conectados con nuestro proveedor, podríamos utilizar cualquier **servicio** de Internet: es que Internet no es una sola cosa, sino **varias**. El programa que utilicemos dependerá de lo que queramos hacer.

8

Internet

El Correo electrónico

Es uno de los servicios más populares de la Red. Lo que haremos con él será mandar mensajes de un lugar a otro.

Cuando contratamos a un proveedor de Internet, éste nos asigna una "dirección electrónica" que es única en el mundo. Las tienen que haber visto, por ejemplo:

pirulo@arnet.com.ar.

La primera parte identifica al usuario; lo que sigue después de la arroba (@) es el nombre del proveedor, y el resto indica que el proveedor es de categoría **com**ercial y está ubicado en **Ar**gentina.

Una vez que estemos conectados, si queremos mandarle un mensaje a alguien tendremos que instalar en nuestra computadora algún programa que administre el Correo Electrónico (E-Mail). Algunos de ellos son: Outlook Express, Eudora, Pegasus Mail, Outlook 98, etc.

Los mejores son el primero y el último (pero hay una diferencia muy grande entre ambos). En la **Figura 3** vemos la pantalla de trabajo del Express.

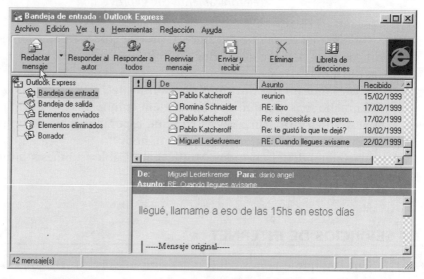

Figura 3. *Los mensajes se pueden mandar, contestar, reenviar a otra persona, etc.*

El tema funciona así: desde nuestras casas, tranquilamente, y sin conectarnos a Internet, escribiremos todos los mensajes que queramos mandar (a las direcciones respectivas de las personas).

Cuando establezcamos la **comunicación con el proveedor (servidor) enviaremos** todos los mensajes que escribimos, y al mismo tiempo **recibiremos** todos los mensajes que nos hayan mandado.

Es decir, recibimos los mensajes recién cuando nos conectamos con el proveedor (que es donde nos estaban esperando, como si fuera un contestador automático); si no hay conexión no hay mensajes.

Nuestro servidor se encargará de **mandar al proveedor que corresponda** (en el lugar del mundo que sea) los mensajes que nosotros ya le habíamos enviado. Allí quedarán **esperando** hasta que el destinatario decida conectarse a Internet y bajar los mensajes que tiene pendientes. Si nunca se conecta, nunca los recibe. Lo normal es chequear el correo por lo menos una vez al día.

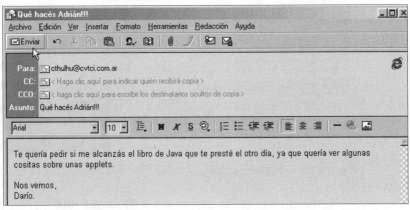

Figura 4. *Éste podría ser un mensaje que le mando a un amigo.*

El mail (mensaje) llega en segundos al proveedor de destino. Lo fantástico es que no sólo es mejor y más económico que el fax, sino que además podemos **incluir archivos** junto con los mensajes.

Así, podríamos mandarle las planillas de Excel a nuestro jefe que está en España para que las corrija y nos las devuelva en el día, o una foto a un familiar que está viviendo en el extranjero. Se puede enviar por la Red lo que sea, mientras esté en forma de archivo.

La World Wide Web

Es uno de los servicios más lindos y populares. Cuando en el **Internet Explorer** o el **Netscape Navigator** ingresemos una dirección, nos conectaremos a esa página Web que indicamos.

Una **página Web** es como un documento de Word que incluye fotos, videos, sonidos, etc. Por lo general contienen información, pero pueden ser de cualquier estilo.

Por ejemplo, podríamos conectarnos a la dirección del diario Clarín y leer las noticias del día; las chicas, a su vez, podrían buscar la información más actualizada sobre Ricky Martin. Cada lugar tiene una dirección (URL) asignada que es única en el mundo.

Internet **8**

Figura 5. *Podríamos copiar las fotos o el texto a nuestra computadora.*

¿Queremos buscar información sobre la última píldora contra la artritis? Seguramente existirá una página Web (aunque puede que esté en inglés) con todos los datos, y quizá hasta dónde se la puede comprar.

Figura 6. *Si hacemos clic en la manito iremos a otro lugar (en este caso profundizaremos la información).*

Las direcciones email se identifican con la @. ¿Y las de **páginas Web**? Por las **tres "w"** que tienen adelante. Todo lo que empiece con *www* indica que se trata de una página web (también llamada "sitio").

El problema surge cuando **no conocemos** la dirección de la página que trata el tema sobre el cual necesitamos información, como en el caso de la artritis.

Para eso existen los **buscadores.** Lo que hacen es "recorrer" todas las páginas del mundo donde se mencione la palabra que indicamos. Como resultado, terminará dándonos una lista bastante grande de direcciones sobre este tema, a las que podremos acceder simplemente cliqueándolas.

En el noventa por ciento de los casos, los usuarios no conocen la dirección de lo que necesitan buscar en la Web (así se la llama, para abreviar).

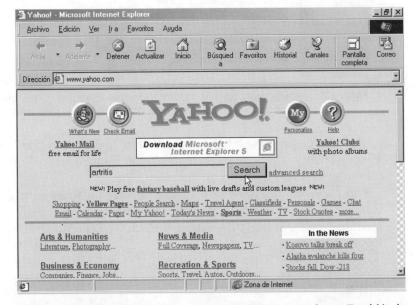

Figura 7. *El Yahoo! es uno de los buscadores más populares. También hay buscadores argentinos: www.radar.com.ar, www.gauchonet.com.ar, etc.*

¿Quieren encontrar la información más actualizada sobre computación? ¿Saben cuál es el mejor sitio de la Argentina? ¡El de **PC-Users**, por supuesto! En la **Figura 8** justo hay un aviso de la publicación que les voy a recomendar para ampliar este tema: **La Biblia de Internet**. Si no resuelven sus dudas con ese libro, no las van a resolver nunca.

Internet 8

Figura 8. _www.pcusers.com.ar,_ la dirección que tenemos que cliquear con nuestro navegador para estar al día con las noticias informáticas.

Al hecho de moverse a través de la Web se le dice **"navegar"** ¿Por qué? Porque cuando cliqueamos en algún lugar donde aparece la **manito** terminaremos **yendo** a otro, y así sucesivamente.

A lo mejor empezamos buscando información sobre el trigo, de ahí vamos a otra página que habla sobre insecticidas para el maíz, y después terminamos en la bolsa de Nueva York viendo cuánto se cotiza la soja. Eso es navegar.

Y hay más, mucho más

Como, por ejemplo, las **videoconferencias**. Usando el _Netmeeting_ podemos hablar a través del micrófono con una persona que está en Alaska. Y si ambos tenemos una camarita (que cuesta unos $120) ¡también nos PODREMOS VER! Y todo al módico precio de una llamada local (con nuestro proveedor).

Con esto, las telefónicas tiemblan; seguramente en los próximos tres años el negocio de las telecomunicaciones dará un vuelco rotundo.

También existe el **chat**, que es hablar pero a través del teclado. Aunque no lo crean, tiene su "magia"; miles de personas pasan horas frente a sus computadoras "chateando". No se olviden que más de uno llegó a casarse con una persona a la que conoció así.

CONCLUSIÓN

Internet ya está entre nosotros, y se viene fuertísimo (más de lo que se imaginan). Les voy a dar mi opinión personal: pueden no saber Excel, pero **DEBEN** saber sí o sí manejarse con **Internet**. Además, es la parte más fácil (y entretenida).

Muy pronto la **televisión** se integrará a la Red mediante unos aparatitos que se llaman "set top boxes". Y no estoy profetizando nada, ya es una realidad. Por eso, si no quieren quedarse "afuera" empiecen a buscar información y a estudiar el tema.

Nada más.

RESUMEN

Para conectarse a **Internet** se necesita un **módem** y un **proveedor** del servicio.

Internet brinda servicios de correo electrónico, World Wide Web, chats, videoconferencias, etc. Una vez que estemos conectados a la Red, el **programa** que cargaremos dependerá del **servicio** que queramos usar.

Para **navegar** se utiliza el **Internet Explorer**, programa que viene incluido con **Windows 98**. Si quisiéramos, también podríamos optar por el Netscape u otro.

El programa para **correo electrónico** más fácil y completo es el **Outlook Express**, que también se incluye con Windows 98. O si no, podemos usar el Outlook 98, que además del correo electrónico tiene una completísima agenda.

Las páginas Web tienen una dirección que se antepone con www. El correo electrónico lleva la @ después del nombre del usuario.

Cuando contratamos un proveedor de Internet, nos asigna un **nombre de usuario**, una **clave** y una **dirección** de e-mail (correo electrónico), además de darnos un número de teléfono para llamar.

EJERCICIOS

Verdadero o Falso

1. Si tenemos cablemódem, la conexión será mucho más rápida y no usaremos el teléfono.
2. Cuando llamamos al proveedor, y luego enviamos un mail a Alaska, en la tarifa telefónica nos vendrá incluida esa comunicación internacional.

3. Si enviamos un mail a alguien, le llegará aunque tenga la computadora apagada.
4. Cuando aparece una manito en lugar de la flechita del mouse y hacemos un clic terminaremos yendo a otro lado, ya sea una sección dentro de la misma página o a un lugar totalmente distinto.
5. Utilizando el Netmeeting se puede ver y oír a la otra persona al precio de una llamada local.

Completar los espacios en blanco

1. Junto con un mail se puede enviar un _____.
2. Cuando no conocemos la dirección de una página Web podemos usar un _____.
3. Cuando entramos a un lugar en la Web se dice que entramos a una _____ o a un _____ de Internet.
4. Lo que viene después de la arroba en una dirección de correo electrónico es el nombre del _____

Respuestas de *Verdadero y Falso*

1. Verdadero. El cablemódem es mucho mejor que el módem común.
2. Falso. La llamada siempre será local, y nunca saldrá de nuestro proveedor.
3. Verdadero. Porque el mail llega al Proveedor de ese "alguien" y no a su máquina, que recién lo recibirá en su PC cuando se conecte a Internet y baje los mails que tiene pendientes.
4. Verdadero. Cuando aparece la manito es que estamos sobre un "hipervínculo", que nos permite "navegar" por la Web.
5. Verdadero. Este programa se utiliza para videoconferencias, sin importar en qué país del mundo esté la otra persona, y siempre será llamada local.

Respuestas de *Completar*

1. Archivo
2. Buscador
3. Página / Sitio
4. Proveedor

CÓMO COMPRAR UNA PC

Apéndice

A

Apéndice

Cómo comprar una PC

Pentium II 450 Mhz. 4,5 GB UDMA
32 DIMM SDRAM / SVGA 4 MB AGP
SB 16 bits 40 x / PAD y W98 regalo
...¿quedó claro ?

CUIDADO CON LOS "BUITRES"

Cuando entren a un negocio de computación, el vendedor enseguida se percatará de que tienen cara de novatos en el tema.

Aprovechando el desconocimiento, y usando un montón de términos técnicos (para confundir aún más) seguramente les "enchufará" una computadora superpotente (y cara), que no llegarán a aprovechar ni en un 30%.

Cuando hay que comprar una máquina, primero uno se debe preguntar para qué la va a usar. Algo similar pasa con los autos: el mejor es la Ferrari, pero ¿realmente la necesitamos, o lo queremos nada más que para cancherear delante de nuestros amigos diciendo: "uhh, mirá la máquina que tengo"? Si compramos una para dar vueltas manzana estamos desperdiciando la mayor parte de su potencial, que podríamos haber cubierto con un autito común y corriente.

Para trabajar con **Windows** y **Office**, no se necesita una PC super veloz. Está bien, a veces tendremos que armarnos de un poquito de paciencia al usar uno que otro programa, pero nos ahorraremos unos cuantos pesos.

De todos modos, los precios **cayeron** estrepitosamente durante el último año, y ahora se puede pensar en una PC de aproximadamente **$ 650**, cuando antes para comprar cualquier cosa había que contar a partir de los $ 1.200.

El equipamiento requerido por Office es mínimo, pero no pasa lo mismo con los **juegos**: siempre tienen **sed de hardware**. Todos los meses sale un jueguito nuevo que necesita la "última" plaqueta de video para funcionar mejor.

Es un negocio, como todo. Además, es muy común ver entre la gente la fiebre de *"quierolamáquinamásmodernaymásrápidaqueexista"*. No debe ser así, porque nunca podremos tener lo más nuevo (a menos que vivamos en la puerta de un negocio de computación).

A

¿Cómo comprar una PC?

El costo **promedio** de una PC que funciona **diez puntos** con el paquete Office actualmente ronda los **$ 800** (aunque parezca barata, no deja de ser muy buena). Comprar una más cara sólo es necesario en el caso de que se dediquen al diseño gráfico, a la edición de video, al diseño en 3D, o quieran aprovechar los juegos al máximo.

¿Por qué todas esas personas necesitan máquinas mejores? Por el hecho de que todo lo que sea **procesamiento de gráficos y sonidos** exprime hasta la última gota de potencia de la PC, y si realmente se le da un uso laboral, no se puede perder tiempo esperando que aparezca una imagen en la pantalla.

Por ejemplo, una configuración de PC que nos vendría bárbara para trabajar con Office e Internet sería la siguiente:

Procesador (el "cerebro" de la máquina, el que define la velocidad)	Pentium Intel Celeron 366 — 128K
Motherboard (es donde se enchufan todas las plaquetas, incluso el procesador)	BX con placa de video incorporada estilo AGP con 8 MB
Memoria RAM	1 DIMM de 64 MB SDRAM
Disco rígido	Capacidad de 4,3 GB modelo UDMA (esto último es importante, porque si no son lentos)
Módem-Fax	Velocidad 56 K norma V90 (si es de marca reconocida, mejor)
Kit Multimedia	CD-ROM de 40 velocidades (mientras más velocidades tenga, más rápido leerá los CDs). Placa de sonido 3D de 16 bits
Monitor	Es conveniente poner un monitor de marca (Samsung, LG, etc.) y no uno genérico. Sus ojos se lo agradecerán
Otros	Parlantes potenciados, teclado para Win'98 y mouse para Internet.

Si compran una máquina así, les recomiendo que antes de entrar a Word se abrochen el cinturón de seguridad... ¡Vuela!

Igualmente, dentro de los componentes que les acabo de mencionar, hay mejores y peores (como en el caso de las motherboards BX). Así que si en un lugar ven la misma máquina más barata, no crean que alguien les está haciendo un regalo de Navidad por adelantado. En este rubro nadie regala nada, y el precio siempre se "achica" sacrificando prestaciones.

¿Y LA MARCA?

La verdad es que **no** es buen negocio comprar una PC de marca (Compaq, IBM, Hewlett Packard, etc.) porque la terminarán pagando mucho **más cara** que un clon con las **mismas características**.

Los **clones** son las máquinas que arman las casas de computación. En estas PCs lo de "afuera" no es de **marca**, pero todo lo que tienen **adentro sí** (Intel, AMD, Cyrix). Los componentes internos son los mismos que usan las PC de **marca**; en consecuencia, al comprarlas sólo estamos **pagando el nombre y la garantía**.

Reconozco que **antes** los clones no eran del todo "buenos", porque siempre tenían alguna falla. Actualmente esto casi no pasa, porque las casas **buenas** de computación tienen la costumbre de entregar todo **"boxed"**, que significa que cuando nos dan la máquina también nos entregan todas las cajitas originales de los componentes que instalaron (que vienen con sus respectivas garantías). Si no se las dan, ahí sí empiecen a sospechar.

¿LA IMPRESORA?

Se puede agregar en cualquier momento; no hace falta comprarla junto con la PC.

El precio de una impresora de calidad **media**, casi **superior**, está entre los $ 370 y los $ 400. Un ejemplo sería la **Hewlett Packard 720** o la **Epson 740 color**.

Si necesitamos algo casi profesional, tendríamos que hablar de impresoras que cuestan aproximadamente $550. Como verán, no es el accesorio más caro, y los resultados de cualquiera que supere los $ 350 nos dejarán más que satisfechos.

¿Ésas son las famosas "láser"? No, son **chorro de tinta**. Las láser por lo general son blanco y negro, y sólo se utilizan en las oficinas, donde imprimen gran cantidad de páginas por día. El valor de una láser color de este estilo supera los $ 3.000 (obviamente, no son para usuarios normales).

A

¿Cómo comprar una PC?

¿DÓNDE COMPRAR?

Lo mejor son las casas de computación **grandes** (no bolichitos), porque si tenemos algún problema con alguno de los componentes, seguramente no nos harán ninguna historia a la hora de cambiarlo. Los lugares chicos, en cambio, como no tienen mucho stock darán mil vueltas hasta que terminemos cansándonos de reclamar (lamentablemente, lo digo por experiencia). A veces lo barato sale caro...

Tampoco conviene comprar en las ofertas de **supermercados** ni en lugares de **electrodomésticos**, porque los vendedores tienen menos idea que nosotros, y además no cuentan con "laboratorios técnicos" para solucionar cualquier falla. Lo mejor son casas de computación exclusivamente dedicadas al rubro.

Espero que no tengan problemas a la hora de comprar una PC. Mi última recomendación es que traten de ir acompañados de alguien que sepa un poco del tema, así no los agarran tan desprevenidos.

Glosario

Pensé que no les vendría mal tener un listado con algunas palabras comunes del mundillo de la computación. De ahora en más, ya no pondrán cara de signo de pregunta cada vez que les mencionen alguno de estos términos.

LA LISTA

Antes de seguir les cuento que en Argentina tenemos la costumbre de "castellanizar" muchos términos en inglés. A veces queda medio "a lo bestia", pero al fin y al cabo terminamos entendiéndonos todos.

PALABRA / FRASE	PRONUNCIACIÓN EN CASTELLANO	SIGNIFICADO
Bootear	Butear	Prender a la computadora y que se cargue un sistema operativo.
Resetear		Apretar el botón "Reset" que está en el frente del gabinete de la CPU. Lo que hace es apagar y prender la PC. Cuando vamos a seguir trabajando, es mejor hacer esto que usar la teclita del Power.
Pastear		Viene del inglés "paste", que significa "pegar". Cuando alguien nos pida que "pastiemos", querrá decir que peguemos.
Hacer un back-up	Bacáp	Copias de seguridad. Por ejemplo, si tenemos archivos muy importantes en el disco rígido y los copiamos en un disquete (por si el rígido se daña), lo que hicimos fue un back-up.
Setear		Establecer la configuración de un programa o componente físico para que funcione correctamente.
Setup	Setap	Lugar desde donde se realiza la configuración. Generalmente, la instalación de los programas en inglés se realiza desde un archivo con este nombre.

Glosario

PALABRA / FRASE	PRONUNCIACIÓN EN CASTELLANO	SIGNIFICADO
Particionar un disco		Dividir lógicamente un disco rígido en dos unidades (C y D). Físicamente es uno solo, pero en el explorador de Windows los veremos como si tuviésemos dos distintos.
Comprimir un archivo / Zipearlo		Comprimir es reducir considerablemente el tamaño de un archivo mediante un programita que se llama Winzip. Este programa, mediante algoritmos matemáticos muy complicados, puede hacer que un archivo que ocupa 900 KB pase a ocupar 20 KB.Generalmente se comprimen los archivos cuando se los quiere copiar a un disquete y por su tamaño no entran.
Browser	Brouser	Así se llaman en inglés a los navegadores de Internet, como el Internet Explorer o el Netscape.
Mandar un Attache	Atach	Incluir a un archivo junto con un email (correo electrónico).
La Sound Blaster		Generalmente se le llama así a la plaqueta de sonido de la computadora. Sound Blaster es la marca más conocida en este rubro.
Loguearse		Viene Log-on, término que se usa para definir el ingreso en una red (como por ejemplo Internet).
DPI o PPP		*Dots per inch* (puntos por pulgada). Así se mide la resolución de una impresora. La resolución de 300 x 300 es de buena calidad; si es más, ya se "acerca" a la calidad de una foto.
Instalar un programa o juego		Generalmente, los programas y juegos no funcionan directamente desde un CD; lo que se hace es copiarlos a la máquina mediante un proceso para que puedan funcionar.

PALABRA / FRASE	PRONUNCIACIÓN EN CASTELLANO	SIGNIFICADO
		El juego o CD siempre trae un archivo que se llama Instalar.exe. Para que comience el proceso hay que hacer doble clic sobre ese archivo desde el Explorador de Windows.
Notebook o Laptop		Computadoras portátiles (que cuestan caras).
Gabinete MiniTower		Es el gabinete de la CPU chiquito (el común). También existen el MidTower y el Tower, de mayor estatura.
Netmouse		Es el mouse con la teclita verde en el medio.
Windows NT		Sistema operativo parecido a Windows 98, sólo que orientado a grandes redes para empresas. Es mucho más seguro, pues permite, por ejemplo, que una persona pueda acceder solamente a determinada carpeta en un horario estricto, fuera de ese horario no podrá trabajar.
Java		Lenguaje de programación muy utilizado en Internet (para páginas Web).
Scanner		Periférico (accesorio) que permite pasar fotos a la computadora. Al hacerlo, la foto queda como un archivo (con la extensión .BMP, por ejemplo). Se parece a una fotocopiadora pequeña.
Megahertz (MHz)		Forma en que se mide la velocidad de la máquina. A mayor cantidad de MHz del procesador, más rápida será la máquina.
Keyboard		"Teclado" en inglés
IE		Abreviatura del navegador Internet Explorer

Glosario

PALABRA / FRASE	PRONUNCIACIÓN EN CASTELLANO	SIGNIFICADO
Drivers	Draivers	Programitas que hacen que un periférico nuevo (impresora, módem, etc.) se pueda comunicar sin problemas con el sistema operativo y funcionar en forma adecuada. Cuando compramos una impresora, trae unos disquetes con sus respectivos drivers.
Hacer un download		Significa "bajarnos" un archivo a nuestra computadora. "Bajar" es copiar ese archivo desde una página WEB a nuestra PC.
Default o defecto	Defolt	Es lo que viene originalmente por ejemplo, la configuración por default de un programa es aquella que viene de "fábrica" y que el usuario todavía no cambió

INFORMACIÓN ÚTIL

Atajos con el teclado

A veces, para llevar a cabo una acción resulta más rápido usar las distintas combinaciones de teclas en lugar del mouse. Aquí veremos las más comunes, que pueden llegar a ser de gran utilidad.

CÓMO USARLAS

Cuando se habla de una combinación de teclas, como por ejemplo Ctrl+C, lo que se quiere decir es que hay que **tener apretada** la tecla Control y allí presionar la **C**. Una vez que apretamos la C ya podemos soltar Control.

TECLAS / COMBINACIÓN	PROGRAMA EN EL QUE FUNCIONA	ACCIÓN QUE LLEVA CABO
ALT + F4	Todos	Cierra la ventana activa. Es lo mismo que cliquear la X
F1	Todos	Abre una ventana con la Ayuda (nos dará una mano más de una vez)
Ctrl + C	Todos	Copia al portapapeles el elemento seleccionado
Ctrl + X	Todos	Corta el elemento seleccionado
Ctrl + V	Todos	Pega en donde estemos parados lo que esté en el portapapeles
Ctrl + G	Todos	Es igual que ir a Archivo — Guardar
Ctrl + A	Todos	Archivo — Abrir
Ctrl + P	Todos	Ingresa al menú de impresión
Ctrl + N	Todos	Comienza un nuevo trabajo
Ctrl + Z	Todos	Deshacer
Ctrl + N	Word y Excel	Coloca la letra en negrita
Ctrl + K	Word y Excel	Coloca la letra en cursiva
Ctrl + S	Word y Excel	Coloca el subrayado
Ctrl + T	Word	Aplica la alineación Centrada
Ctrl + J	Word	Aplica la alineación Justificada
Ctrl + D	Word	Aplica la alineación Derecha
Ctrl + M	Word	Abre el menú Formato Fuente

F5	Explorador de Windows	Actualiza el contenido de una unidad. Por ejemplo, sirve cuando cambiamos un disquete y lo que vemos en pantalla son los archivos del disco anterior.
Ctrl + E	Todos	Selecciona todos los elementos que hay en la pantalla

Si bien conviene aprenderlas todas (que solamente es posible mediante el uso reiterado), por lo menos hay que saber algunas de memoria. Las recomendadas son las de:

Deshacer, F5 y Cortar - Copiar – Pegar.

El resto, si se necesitan, se pueden ir incorporando de a poquito.

Es importante tener en cuenta la **Ayuda**. Antes eran desastrosas, pero con el tiempo mejoraron muchísimo. Ahora son verdaderos manuales en línea (en el momento).

Si no quieren apretar la tecla F1, hay otra forma de que el programa nos dé una pequeña mano cuando no sabemos de qué se trata una opción. Lo que voy a explicar ahora sólo funciona cuando estamos dentro de una ventana, y no sobre un menú o barra de herramientas.

Hay que presionar el **botón derecho** sobre el tema que desconocemos; allí aparecerá un menú contextual con una única pregunta: **¿Qué es esto? (Figura 1)**

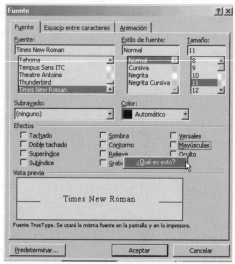

Figura 1. *Podemos apretar el botón derecho sobre cualquier sección de la ventana que no sepamos para qué sirve.*

Lo único que queda por hacer cuando aparece la pregunta es seleccionarla con cualquiera de los dos botones del mouse. Al instante aparecerá un cartelito con una breve explicación.

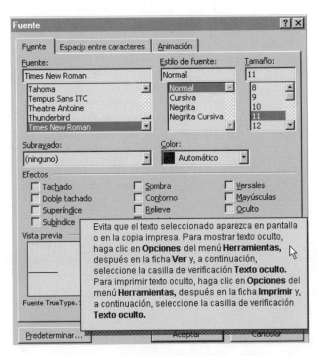

Figura 2. *Si no nos alcanza y queremos más ayuda todavía, no quedará otra
que apretar F1.*

10 sitios en Internet

Acá les doy una serie de direcciones de sitios en Internet que les recomiendo visitar para obtener información de Windows, Word, Excel y los demás productos del paquete Office.

1) OFFICE ´97 — PÁGINA OFICIAL EN CASTELLANO

www.microsoft.com/latam/office/

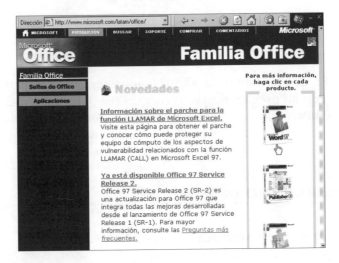

Ésta es la página latinoamericana de Microsoft sobre el paquete Office (la posta). En ella encontrarán completa información sobre cada uno de los productos que lo componen, y también podrán acceder a mejoras de la última versión y correcciones de errores.

2) OFFICE '97 - FAQS

200.36.164.92/latam/soporte/faq.asp

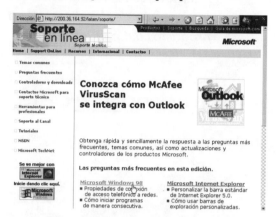

En esta sección de la página latinoamericana de Microsoft hay una lista con las preguntas más frecuentes (FAQs) y sus respectivas respuestas. Resultan útiles para aclarar dudas que son comunes a todo el mundo y que a veces no figuran en los manuales de usuario.

3) EL MEJOR SITIO DE WORD '97

www.slen.com/todoword/noticias.htm

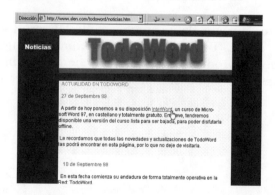

Éste es un sitio en español especialmente dedicado al Word. No es oficial, pero cuenta con unos manuales en línea con explicaciones paso a paso de todos los temas que incluye este programa.

4) TODOS LOS DRIVERS EN UN SOLO LUGAR

www.winfiles.com/

¿No anda bien la impresora? ¿La plaqueta de video no está rindiendo al máximo? Éste es el lugar para obtener todos los drivers cien por ciento actualizados, para que Windows funcione a la perfección.

El sitio está en inglés y muy bien dividido en categorías para que podamos encontrar lo que buscamos sin marearnos.

5) WINDOWS ´98 — SITIO OFICIAL

www.windows.com/latam/default.asp

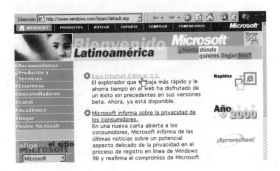

En esta página de Microsoft encontrarán la más variada información sobre este sistema operativo. Desde aquí, además, podrán bajar a sus computadoras la última versión del Internet Explorer, obtener la actualización para el año 2000, y un montón de cosillas extras para estar bien al día con nuestros programas.

10 sitios en Internet

C

6) OTRA DEDICADA AL OFFICE

www.baarns.com/

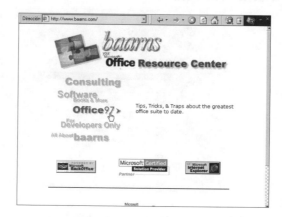

Es un sitio muy completo sobre el Office. Tal como el oficial, tiene preguntas y respuestas comunes (FAQs). También hay trucos, videos, herramientas, y hasta un poco de humor.

7) LA MÁS COMPLETA DE EXCEL ´97

www.j-walk.com/ss/

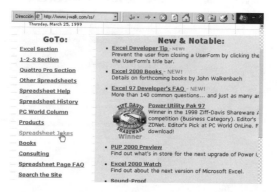

A pesar de no ser la oficial, esta página tiene muchísima información sobre Excel: historia de las planillas de cálculos, libros recomendados, FAQs, ¡y hasta chistes! (una planilla de cálculo puede ser muy graciosa, aunque no parezca). Es en inglés, pero vale la pena visitarla.

8) UNA AYUDA PARA CREAR DOCUMENTOS ATRACTIVOS EN WORD

www.wordinfo.com/

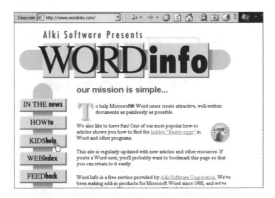

En este sitio hay toda una serie de artículos del tipo "Cómo hacer tal cosa". Es muy piola para aumentar nuestra productividad y hacer mejores documentos. Lo que caracteriza esta página es que tiene explicaciones orientadas especialmente para los más chicos (con gráficos super atractivos). El inconveniente es que está en inglés...pero algún día estarán traducidas.

9) THE WINDOWS MAGAZINE SITE

www.winmag.com/win98

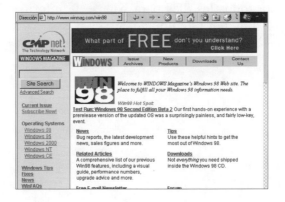

La página de esta completa revista está llena de trucos, consejos, noticias y foros de discusión. Podemos leerlos tranquilamente y estar actualizados sobre las últimas noticias de Windows, tanto del '98 como del 2000, que aún no salió del horno. También tenemos la posibilidad de participar en alguna discusión sobre un tema en particular.

Está en inglés.

10) ABCD - TUTORIALES ON-LINE

www.infodisc.es/abcd/tutoriales/index.html

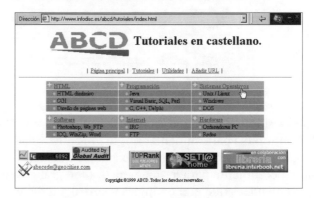

En este completísimo sitio encontrarán documentos con cursos (tutoriales) de lo más variados, desde el DOS hasta el Windows 98, pasando por toda una serie de temas diversos. Está en castellano y es muy buena.

Bueno, para terminar les pido que no se olviden de visitar la página de PC-Users(www.pcusers.com.ar). No se lo digan a nadie, pero Bill Gates entra todos los días para bajarse la información más actualizada. ¡Gracias, Bill, por este homenaje!

C

10 sitios en Internet

10 sitios en Internet

C

10 sitios en Internet

CLAVES PARA COMPRAR UN LIBRO DE COMPUTACIÓN

1) Revise la fecha de publicación
Está en letra pequeña en las primeras páginas; si es un libro traducido, la que vale es la fecha de la edición original. Entre libros similares, siempre compre el de fecha más reciente.

2) Chequee el idioma
No sólo el del texto; también revise que las pantallas incluidas en el libro estén en el mismo idioma del programa que usted utiliza. Esté atento además a palabras no empleadas en nuestro país como "fichero" u "ordenador": un libro escrito en la Argentina es mucho más fácil de leer que uno proveniente de España o traducido en México.

3) Preste atención al diseño
Compruebe que el libro tenga guías visuales, explicaciones paso a paso, recuadros con información adicional y gran cantidad de pantallas. Su lectura será más ágil y atractiva que la de un libro de puro texto.

4) Sobre el autor y la editorial
Revise que haya un cuadro "sobre el autor", en el que se informe de su experiencia en el tema. En cuanto a la editorial, es conveniente que sea especializada en computación.

5) Compare precios
Suele haber grandes diferencias de precio entre libros del mismo tema; si no tiene el precio en la tapa, pregunte y compare.

www.mp.com.ar/libros

Visite nuestro sitio web

En nuestro sitio web podrá obtener información más detallada sobre los libros de nuestro catálogo, conseguir buenos descuentos y recibirlos en su domicilio sin gastos de envío en todo el territorio de la Argentina. Además, en la sección Avant Premiere, podrá enterarse de las novedades que vienen y leerlas antes que todos. También puede conseguir nuestros libros en kioskos, librerías, cadenas comerciales, supermercados y casas de computación de todo el país.

Sobre la editorial

MP Ediciones es una editorial argentina especializada en computación. Además de diversas colecciones de libros, edita las revistas PC Users, PC Juegos/PC Gamer, Insider y el curso Aprendiendo PC. Para conocer más sobre nuestros productos, puede contactarnos de las siguientes maneras:
Web: www.mp.com.ar / E-mail: libros@mponline.com.ar
Correo: Moreno 2062 - 1094 Capital Federal
Fax: (011) 4954-1791, Teléfono: (011) 4954-1884 int.131.

ÚLTIMOS TÍTULOS PUBLICADOS...

LINUX, Manual de referencia
$19,90

Súmese al "proyecto Linux", el sistema operativo de distribución libre y gratuita. Lo que empezó como un simple hobby hoy hace temblar a Microsoft.

CD-ROM: versión completa de RED HAT LINUX.

COLECCIÓN: COMPUMAGAZINE

10 proyectos con Word
$13,90

Frente a la PC, la teoría se queda corta. Por eso, para aprender a utilizar Word al 100% se necesita tener problemas concretos. Desde el texto más simple, hasta una jugosa macro y trabajos escritos en equipo.

COLECCIÓN: PC USERS EXPRESS

Visual FoxPro 6.0
$19,90

Introduce al lector en la programación por eventos y orientada a objetos, a través del lenguaje más poderoso para aplicaciones de gestión. Dirigido también a quienes vienen de una plataforma xBase, como Fox, Clipper o Dbase.

COLECCIÓN: COMPUMAGAZINE

Proyectos con macros en Excel
$13,90

La mejor manera de dar solución a un tema difícil de abordar. Esta propuesta de nuestro especialista da las soluciones para el manejo de las técnicas de programación en Office y Excel, con ejemplos claros.

COLECCIÓN: PC USERS EXPRESS

Access para PyMEs
$16,90

El manejo a fondo de Access permite integrar datos, generar métodos de búsqueda y elaborar informes completos de una base de datos, de modo que la información de una empresa se optimice.

COLECCIÓN: PC USERS PYMES

La Biblia de Internet
$19,90

Contesta las preguntas más frecuentes: ¿Cómo elegir un buen proveedor? ¿Cómo hacer una compra en la Web?...

CD-ROM: con 10 horas gratis de Internet y todos los programas necesarios.

COLECCIÓN: PC USERS

Internet para médicos
$12,90

En este volumen, les tendemos una mano a los profesionales de la medicina. Todo lo que necesitan conocer en la Red: los sitios web, las listas de distribución de correo, los grupos de discusión, etc.

COLECCIÓN: PC USERS GUÍAS WEB

Macros en Office
$13,90

Asómese al universo de las macros y comience a descubrir el poder del editor de Visual Basic, accesible desde Word, Excel o PowerPoint. Opciones avanzadas, técnicas, recursos y soluciones integradas con bases de datos.

COLECCIÓN: CM SOLUCIONES

Primeros pasos en TANGO
$19,90

Explica paso a paso cómo dominar el famoso programa de gestión administrativa. Con ejemplos reales y la legislación argentina.

CD-ROM: versión educativa de Tango Gestión, autotests y tutoriales.

COLECCIÓN: COMPUMAGAZINE

Creación de aplicaciones multimedia con Visual Basic
$19,90

Todos los secretos para crear aplicaciones multimedia. Desde cero hasta un proyecto completo con imágenes, sonido, video y animación.

CD-ROM: soft de diseño, sonido, utilitarios, etc.

COLECCIÓN: PC USERS

Photoshop 5 ¡fácil!
(más de 250 páginas a todo color)
$24,90

Una guía completa que lo asistirá en el aprendizaje; desde los fundamentos básicos hasta las técnicas más avanzadas.

CD-ROM: versión trial para PC y Mac, filtros, fuentes y galerías de imágenes.

COLECCIÓN: PC USERS

Los secretos de Windows 98
$13,90

Introdúzcase en la nueva versión de Windows a través de más de 150 trucos increíbles y secretos no documentados.

COLECCIÓN: PC USERS EXPRESS

Los mejores libros de computación
Solicítelos a su canillita

✂ -

APELLIDO Y NOMBRE

DIRECCIÓN   **LOCALIDAD**

CP   **PROVINCIA**   **PAÍS**

TELÉFONO   **FAX**

TÍTULOS SOLICITADOS:

ADJUNTO CHEQUE/GIRO Nº   **C/BANCO**   **A FAVOR DE MP EDICIONES S.A.**

DEBÍTESE DE MI TARJETA DE CRÉDITO EL IMPORTE $ **A FAVOR DE MP EDICIONES S.A.**

MASTERCARD ☐   **AMERICAN EXPRESS** ☐   **VISA** ☐   **VTO.**   /   /

NÚMERO DE TARJETA   **CÓDIGO DE SEGURIDAD**

FIRMA DEL TITULAR   **FIRMA DEL SOLICITANTE**

NOMBRE DEL VENDEDOR

PAQUETE Nº: ☐☐   ☐☐☐   ☐☐☐
                 D   **L**   **V**

MP

Complete este cupón y envíelo por fax al (011) 4954-1791 o por correo a:
MP Ediciones S.A. Moreno 2062 (1094) Capital Federal o llamando al (011) 4954-1884.

¡Nos interesa conocer su opinión!

Queremos ofrecerle cada vez mejores libros. Ayúdenos completando esta encuesta (puede fotocopiarla).

Datos personales

Nombre y Apellido ....Edad ....

Dirección ....

Correo electrónico .... Ocupación ....

¿Cuál es su nivel de usuario?

Principiante ⬭   Intermedio ⬭

Avanzado ⬭   Programador ⬭

¿Dónde compró el libro?

Internet ⬭   Quiosco ⬭   Librería o casa de computación ⬭

¿Cómo se decidió a comprarlo?

Ya posee otros libros de nuestra editorial ⬭

Por publicidad en medios gráficos ⬭

Por publicidad en nuestras revistas (PC Users, COMPUMAGAZINE) ⬭

Por recomendación de otra persona ⬭

Porque lo vio en el quiosco y le gustó ⬭

¿Qué le pareció el libro?

Excelente ⬭   Muy Bueno ⬭

Bueno ⬭   Regular ⬭   Malo ⬭

Escriba sus sugerencias para la próxima edición

....

....

....

....

....

¿Qué otros temas le gustaría ver publicados?

....

....

....

....

....

Entre todas las encuestas recibidas sortearemos 10 colecciones completas de fascículos.